The Tale of Genji
源氏物語
あさきゆめみし
完全版
1
大和和紀

Contents

其の一

私は母を知りません
はかなげで
少女のようで……
すきとおるように
美しい人だったと
いいます

愛だけによって
生き
その生命《いのち》を
断ったのも
また愛であった……と

内裏（だいり）＝天皇の住居としての宮殿。　主上（おかみ）天皇の敬称。うえ。

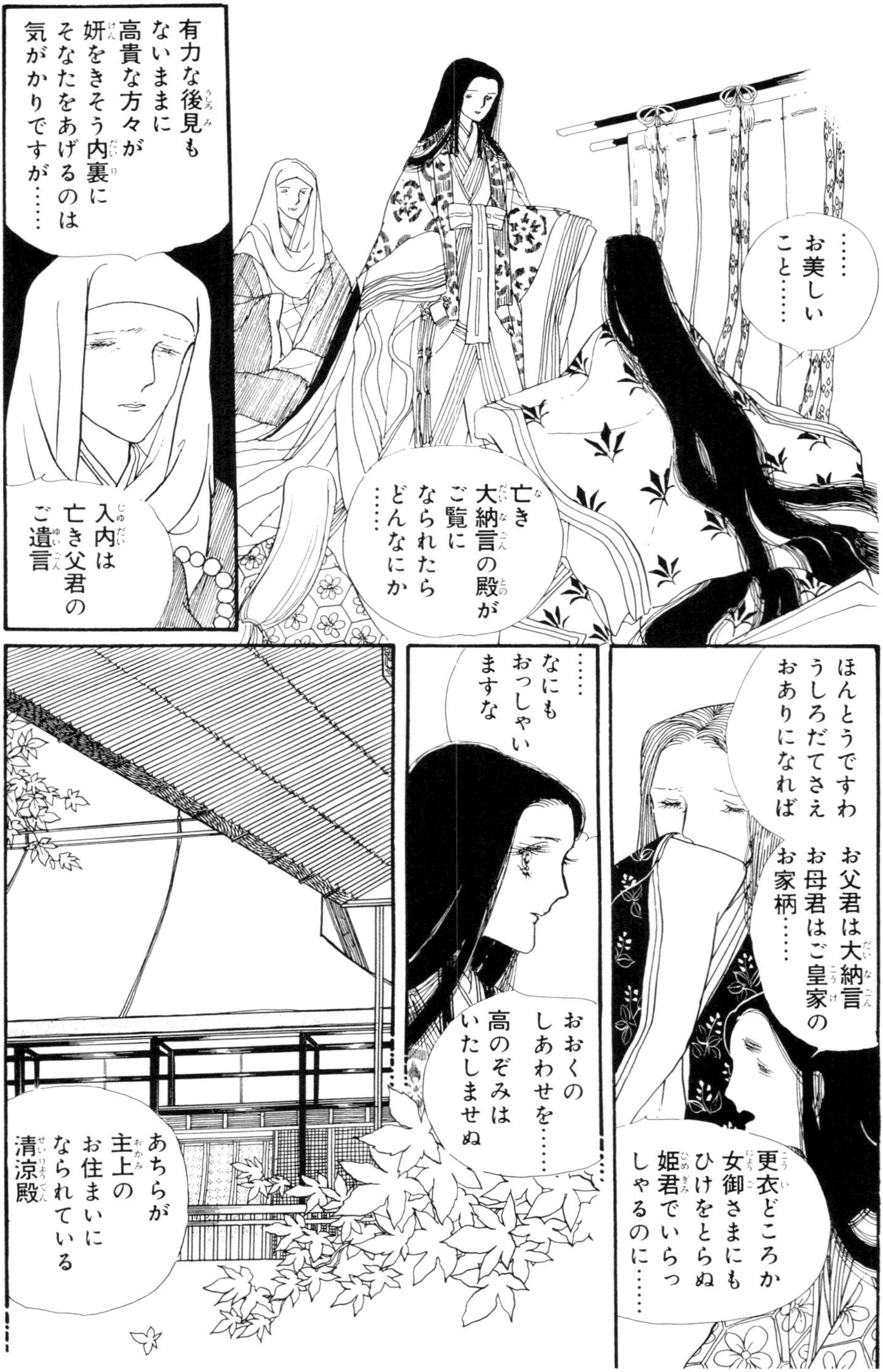

女御（にょうご）＝天皇の寝所に伺候する婦人の称。更衣（こうい）＝後宮の女官の一つ。女御につぐ位。

きょうよりはこの後涼殿《こうりょうでん》でおすごしなさいますよう
以後は更衣《こうい》として
なにごとも主上《おかみ》いちずにおつかえまいらせますように
みなさまよろしくおねがい申しあげます
はなやかな美しい……
……
そして冷たい場所……
あの……わたくし
あなたね格別のお式もなさらずに内裏《だいり》にあがられたというのは……
そういえばお道具類も質素でいらっしゃること……ね
クスクス
いいのかしらほうっておいて
身分もことさらでなくうしろだてもないくせに入内《じゅだい》するなど……
なかよくしておくことなどありませんわ

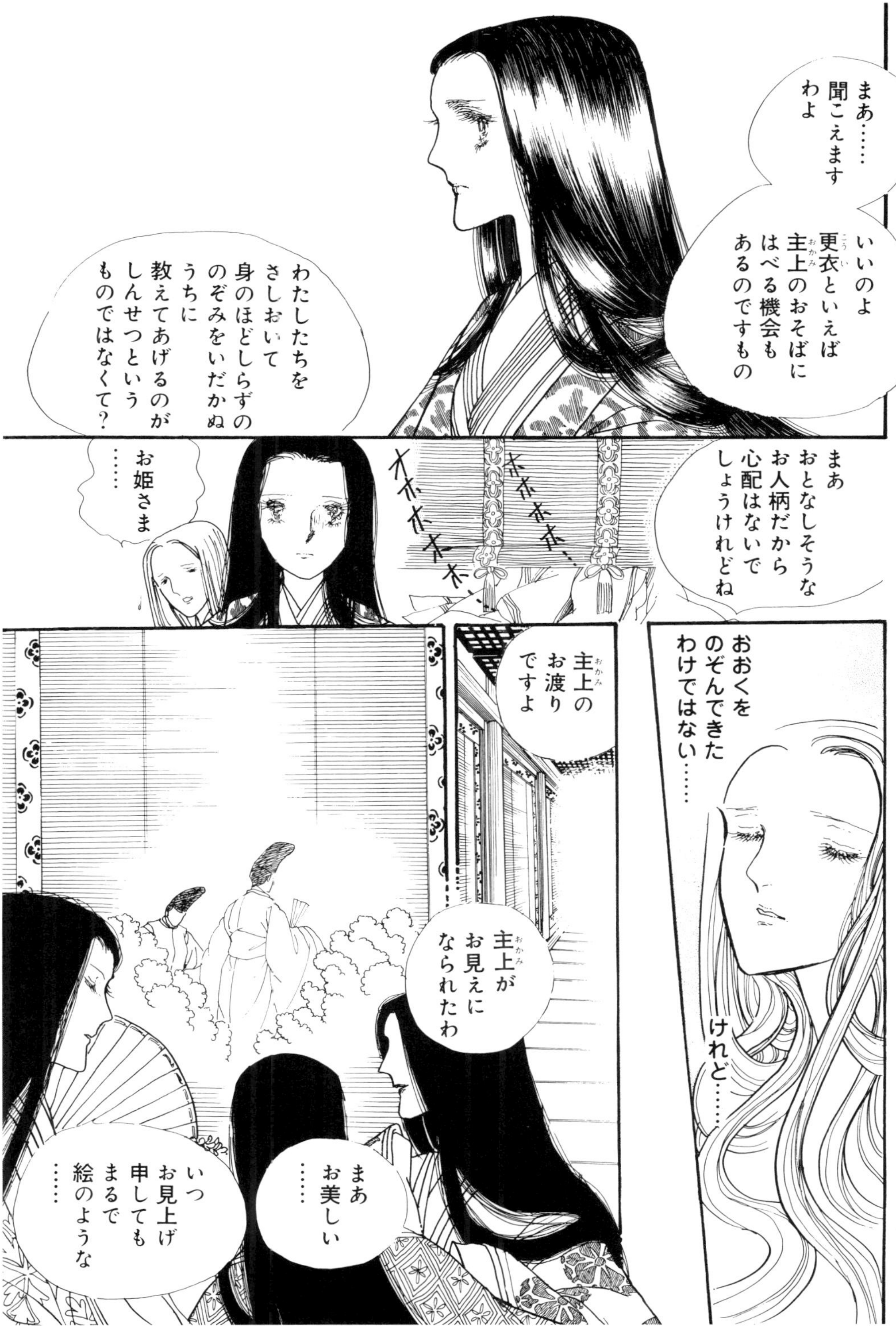

まあ……聞こえますわよ
いいのよ更衣《こうい》といえば主上《おかみ》のおそばにはべる機会もあるのですもの
わたしたちをさしおいて身のほどしらずののぞみをいだかぬうちに教えてあげるのがしんせつというものではなくて？
まあおとなしそうなお人柄だから心配はないでしょうけれどね
お姫さま……
おおくをのぞんできたわけではない……
けれど……
主上《おかみ》のお渡りですよ
主上《おかみ》がお見えになられたわ
まあお美しい……
いつお見上げ申してもまるで絵のような……

弘徽殿《こきでん》へ お渡りになるわ
あれが 弘徽殿《こきでん》の……
くちおしいけれど 弘徽殿《こきでん》の女御《にょうご》さまは いまをときめく 右大臣《うだいじん》の姫君……
お美しい かた……
そのうえ 昨年は 皇子《みこ》さまを お産みまいらせ て……
いずれは 后《きさい》にたとうと いうおかた
わたくしたち など とても とても……
それに ご気性の こわいおかた ですもの
にらまれると おそろしい ……
衣《ころも》更《が》えで ございます
ご衣裳《いしょう》を 整え ましょう
衣《ころも》更《が》えで ございます

ご覧なさいませ お姫さま
この衣《きぬ》は?
主上《おかみ》のご衣裳《いしょう》でございますよ
主上《おかみ》のご衣裳を整えてさしあげるのもお役めのひとつです
まるで花を散らしたようでございますわよ……
主上《おかみ》……
内裏《だいり》に住まってはいるもののわたくしなどまだいちどもお見上げ申したことがないけれど……
雲の上のおかた……
このように美しい綾錦《あやにしき》をおつけになるおかたは……
まあ……! これ!
ニャウ…
いたずらを
お待ち!

公達(きんだち)＝王家の一族。親王、摂家、清華など貴族の子息の称。

お姫さま!
おやめください
お姫さま!
ゴオオーオ
……こわい……
……いま
すこし……
賀茂川に
川中に
それ求むと
尋ぬと
せしほどに
……あ!

……おや……これは
鬼が出るときいて退治してやろうと思うてきたが
こはいかに
羽衣《はごろも》を忘れた天女と見ゆる
安心なさいこよいは闇夜《やみよ》……
お顔をかくすことはありませんよ
あなたがどなたかわたしにはわからない
……
……
……

さあ……
かくさずに……

……美しい
羽衣を返せばたちまちに天に昇っていきそうな
……お許しあそばして……
……あなたが天女なら……
わたしは月読《つくよみ》（月の精）だ……
月に顔を見られてなんの恥じることがありましょう
お帰りなさい
だれにもいいはしませんよ
お姫さまごぶじで……
お許しくださいまし
まあこんなにお手も冷たくおなりで……
……どちらの公達《きんだち》だったのでしょう……
おやさしそうなあのかたは……

この氷のような御殿《ごてん》に……
お姫さま……
お姫さま……！
このようなものが……
お部屋に……
あのようなかたもいらしたのだ……
まあ……
なんと……ごりっぱな貝のお道具
いったいどなたが？
それが使いの者も名も告げずに去ってしまいましたので
ほんとうに毎日毎日……
いずれの殿方が姫さまをお見初めになられたのでしょうか

……公達《きんだち》 もしかしたら あのかただわ……
あのかたが わたくしに……
……夜だけ
あなたは……！
天女を 訪ねるのを お許し くださるか？
あかりは つけずに おおきな さい
人ならぬ わたしたちに ふさわしく ……
……天女に 魅せられた
……月なの ですよ わたしは

……いまは静かに……
主上《おかみ》も罪なことをなさる……
あの女官《にょかん》ですね？
罪……？
わたしが名のらぬことが罪というのか……
わたしが名のり人々に主上《おかみ》の愛人と知れわたるほうが……？

いや……そうではあるまいよ
表立《おもてだ》ち……女御《にょうご》たちのあらそいの中に立たせるには
あまりにかよわくはかない花だ……
小さなしあわせこそのぞんでいる少女のような
名のるつもりはない……
この先も……
主上《おかみ》……
本心から……
まだ……ほんの子どもではありませんか
……は？
よい……もどります！

……あら
いま そこに弘徽殿《こきでん》の女御《にようご》さまが
え？
そこにおいでになったと思ったのに……
弘徽殿《こきでん》の女御《にようご》さまが……？
まさかどうしてあのかたが？
新参《しんざん》の更衣《こうい》と申されるのはあなた？
……はい……
弘徽殿《こきでん》の女御《にようご》さまがお薫物合《たきものあ》わせをなさいます
万事そそうのないようにしたくをなさっておいでくださるようにとのことでございます
……わたくしが……？
まあ……！弘徽殿《こきでん》さまといえば主上《おかみ》もご臨席なさるのですよ
弘徽殿《こきでん》の女御《にようご》さまが……？
どういうわけかしらあのかただけ……
わたくしを……？

どういたしましょう お姫さま ご衣裳《いしょう》がまにあいませぬ
それに 薫物《たきもの》も……
いまから お母君に 申しあげても とても……
あちらのかたは こちらをご存じのうえで……
恥をかかせる おつもりなのでございましょうか
……そんな……
……いったい なぜ……
……お姫さま……！
ご覧なさいませ！ ごりっぱな衣裳《いしょう》でございますよ
それに 香壺《こうご》も！
まあ…… これで助かります 神のご加護《かご》ですわ！
あのかただわ……
わたくしを助けてくださる
月読《つくよみ》の君《きみ》……
おりよく 雨もあがり 香をきくに ふさわしい夕べに なりましたわね

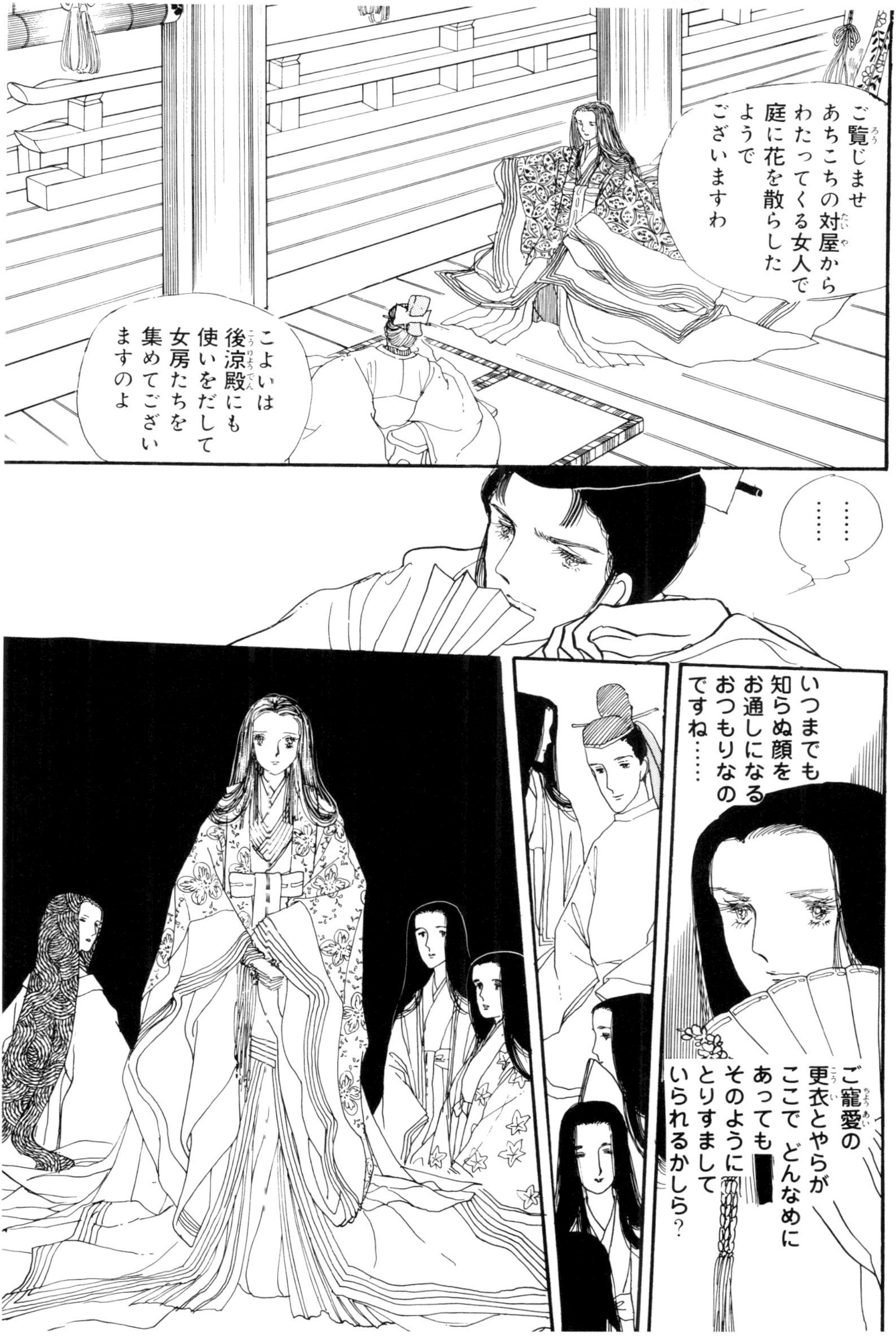
ご覧《ろう》じませ あちこちの対屋《たいや》から わたってくる女人で 庭に花を散らした ようで ございますわ
こよいは 後涼殿《こうりょうでん》にも 使いをだして 女房たちを 集めてござい ますのよ
……
……
いつまでも 知らぬ顔を お通しになる おつもりなの ですね……
ご寵愛《ちょうあい》の 更衣《こうい》とやらが ここで どんなめに あっても そのように とりすまして いられるかしら?

ま……どちらの女御《にょうご》さまかしら
桜《さくら》がさねの唐衣《からぎぬ》
ああ……あれは新しく後涼殿《こうりょうでん》にきた……
あの袿《うちぎ》は……
まああんな上座《かみざ》に……
新参者《しんざんもの》のくせに
こちらへ
まあさすがに弘徽殿《こきでん》のおかたさま
あのみごとな白瑠璃《しろるり》の香壺《こうご》
お薫物《たきもの》も上品ではなやかで
このお薫壺《たきつぼ》はいったいどなたの……?
これは薫衣《くのえ》の香《こう》でございますよ
感服いたしましたぞ いまごろこのような名香をお合わせするかたがいらしたとは……
これをこそ一の香に……
いったいどなたの……

香《こう》合《あ》わせなど知らぬと思っていたのに
貧乏《びんぼう》公家《くげ》の娘《むすめ》が……
下々のものは鼻がきくとか申しますよ
そうそう
まるでねこのように
魚をねろうて歩きまわるそうな
御殿《ごてん》の中を……
ホホホ
あの袿《うちぎ》には覚えがございますよ
先日主上《おかみ》がお選びになっておられた
いずれの女官《にょかん》に下賜《かし》なさるのであろうと思うておりましたが……
……
……
主上《おかみ》……

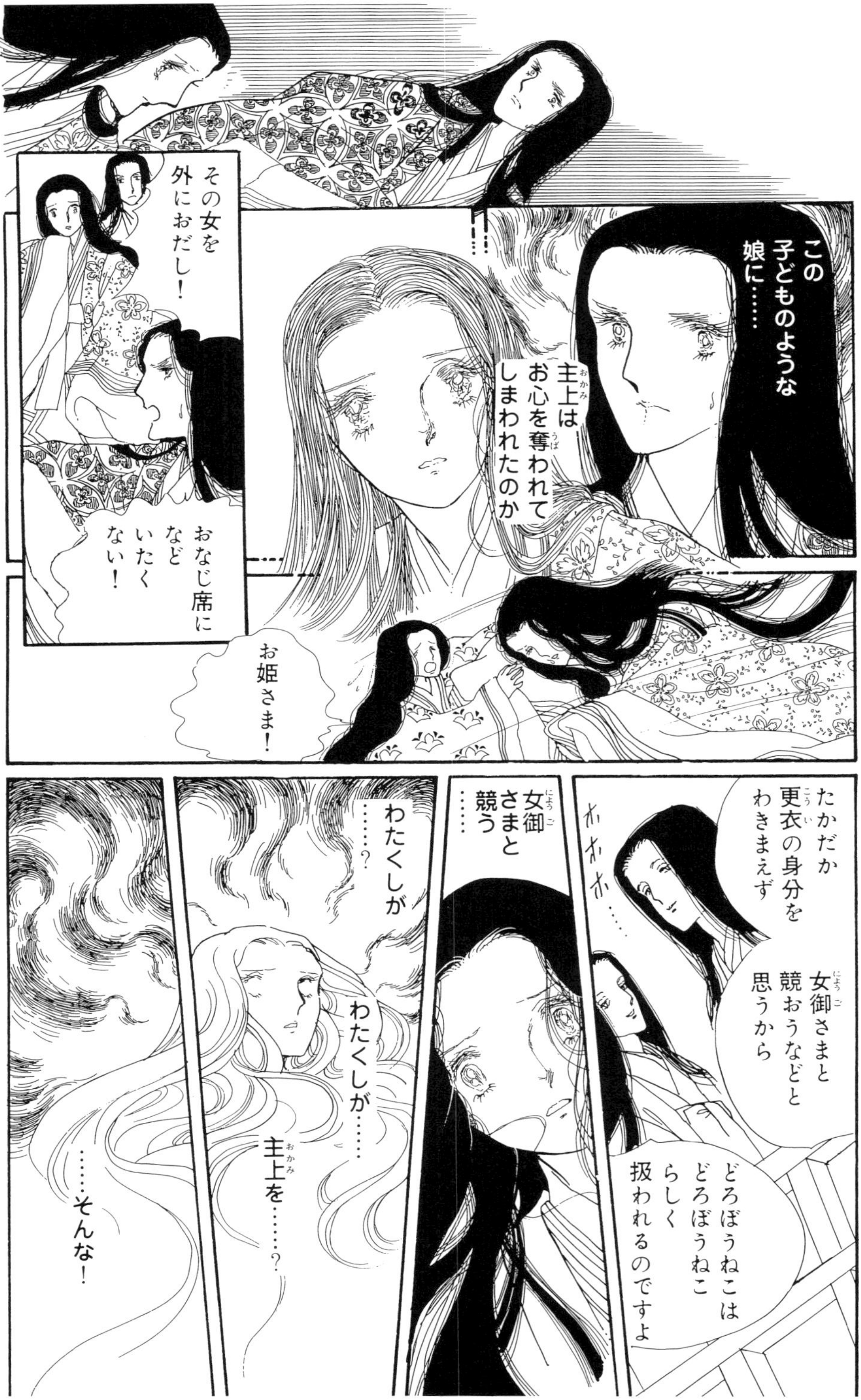
この子どものような娘に……
主上《おかみ》はお心を奪《うば》われてしまわれたのか
その女を外におだし！
おなじ席になどいたくない！
お姫さま！
たかだか更衣《こうい》の身分をわきまえず
女御《にょうご》さまと競おうなどと思うから
どろぼうねこはどろぼうねこらしく扱われるのですよ
女御《にょうご》さまと競う……
わたくしが……?
わたくしが……
主上《おかみ》を……?
……そんな！

……ああ……
やはり……
どうしたら……
……かくしていてすまなかった……
あかさぬほうがあなたのためだと思っていたのだ
だがそれもかなわぬ現《うつ》し身《み》のわたしだ……

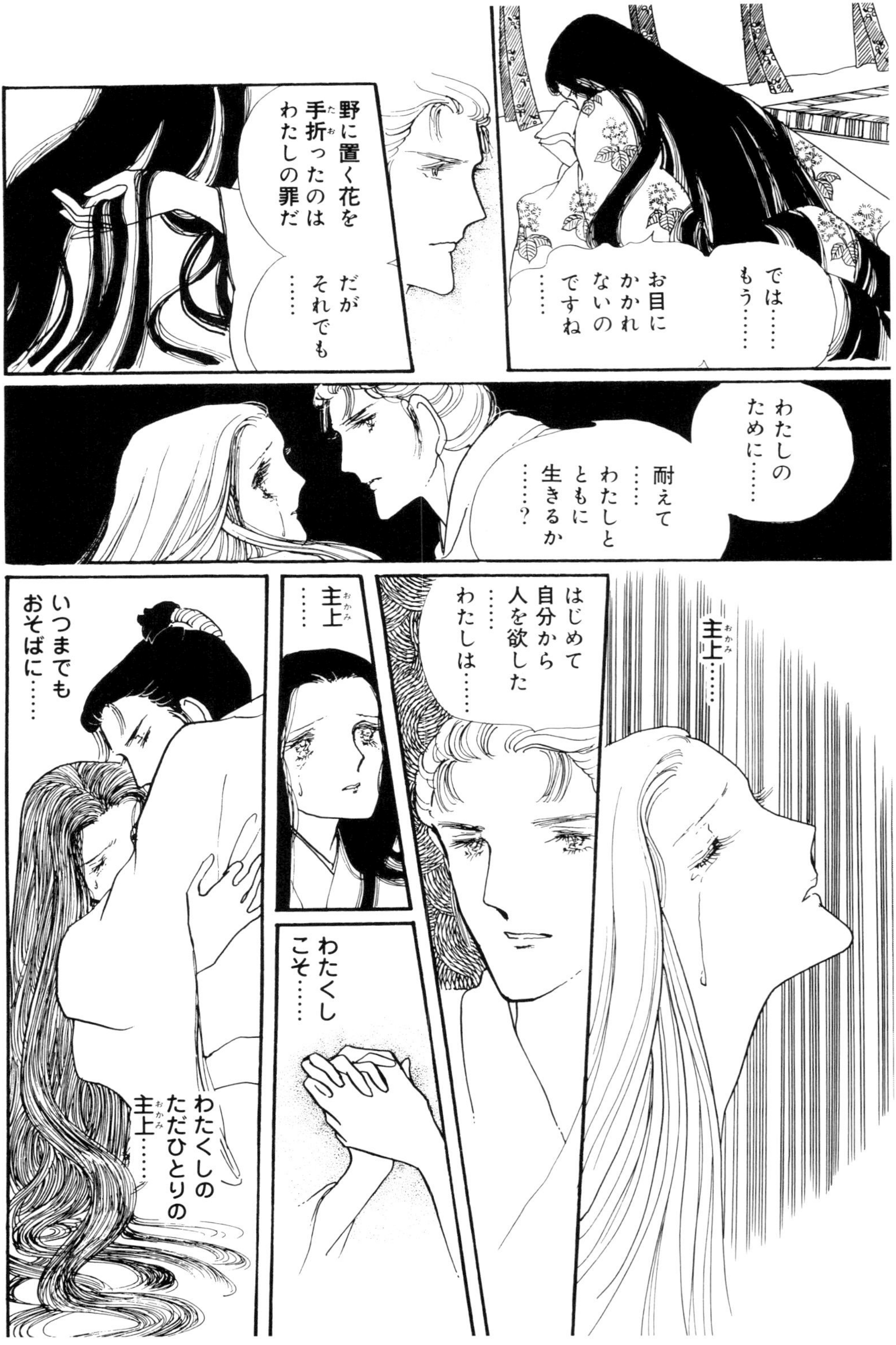
では……もう……お目にかかれないのですね……
野に置く花を手折《たお》ったのはわたしの罪だ
だがそれでも……
わたしのために……耐えて……わたしとともに生きるか……？
主上《おかみ》……
はじめて自分から人を欲した……わたしは……
主上《おかみ》……
わたくしこそ……
いつまでもおそばに……
わたくしのただひとりの主上《おかみ》……

きょうも
桐壺《きりつぼ》の更衣《こうい》が
清涼殿《せいりょうでん》へ……
わざわざ
桐壺《きりつぼ》に
お移しになって……
主上《おかみ》……
それほどに……
……ま！
ひどい……！
渡殿《わたどの》が
こんなに……
主上《おかみ》の
お召《め》しと
いうのに
参れませぬ
いったい
だれが……
よい気味
だこと
立ち往生《おうじょう》
しているわ
心なげな
ふるまいを
……

よい……
それならば
わたしのほうが
桐壺《きりつぼ》に出向こう
いいえ
その
ような
ことを
なさっては
ほかの
かたがたが
かまわぬ
人がなんと
いおうと
わたしは
あなたを
守ることに
決めたのだ
神かけて
……
……まったく
まぶしいほどの
ご寵愛《ちょうあい》と
いうので
しょうな
どうかして
おられるの
ではないか
主上《おかみ》は……
唐土《もろこし》でも
女のまちがいから
ついには
国の乱れを
招いたという
よくない例も
あることですし
まったく
困ったもの
です

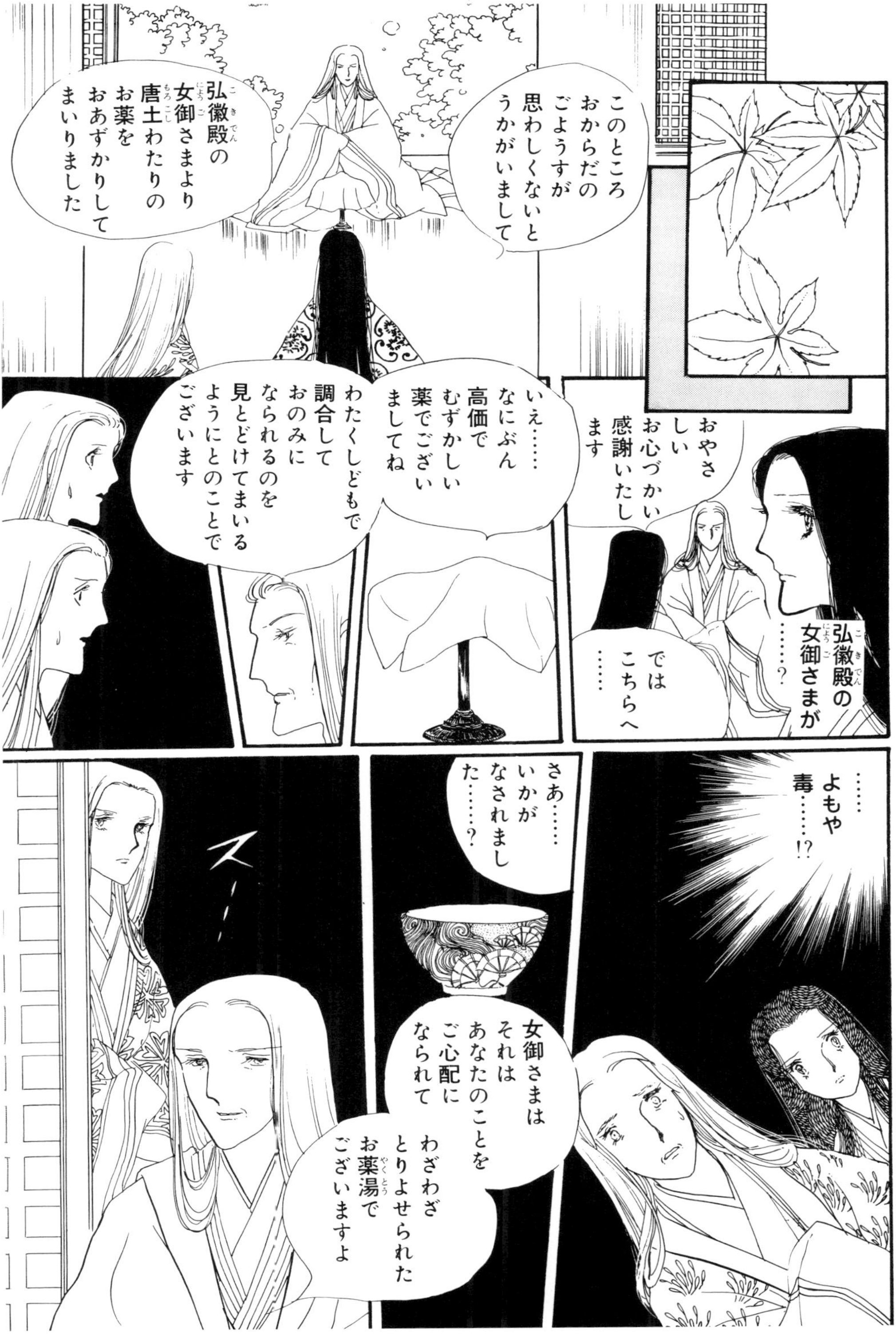
このところおからだのごようすが思わしくないとうかがいまして
弘徽殿《こきでん》の女御《にょうご》さまより唐土《もろこし》わたりのお薬をおあずかりしてまいりました
おやさしいお心づかい感謝いたします
弘徽殿《こきでん》の女御《にょうご》さまが……?
ではこちらへ……
いえ……なにぶん高価でむずかしい薬でございましてね
わたくしどもで調合しておのみになられるのを見とどけてまいるようにとのことでございます
……よもや毒……!?
さあ……いかがなされました……?
女御さまはそれはあなたのことをご心配になられて
わざわざとりよせられたお薬湯《やくとう》でございますよ
ス…

女御《にょうご》さま……！
命がおしくば……
……去るがよい！
ああ……
わたしはこんなにも美しいかたを……
お苦しめしている……
……わたしは
お姫さま！
桐壺《きりつぼ》の更衣《こうい》さま！
だいじょうぶ……薬をのまれてはいない
これはなんとしたさわぎだ!?

主上《おかみ》……
これは どういう ことだね？ 女御《にょうご》……
ご心配には およびませぬ
わたくし あやしげな お薬を さしあげた わけでは ありませんわ
お待ち！
……主上《おかみ》！ おうらみ 申しますぞ
皇子《みこ》まで なした わたくしを 捨てて……
そのような 娘に それほどに お心を うばわれて おしまいとは！
捨てたのでは ない そちは国母《こくも》として 遇しておる
このように わたくしを 苦しめる ことが？
……いうな！
……あなたが わたしを 思うあまりに することを
あわれとこそ 思え…… もはや いとしいと 思うことは できないのだ

今上（きんじょう）＝当代の天皇。

春宮（とうぐう）＝皇太子の称。

主上《おかみ》！
桐壺《きりつぼ》の更衣《こうい》が御子《みこ》を……
女御子《おんなみこ》ならともかく男御子《おとこみこ》を産ませまいらば……その御子《みこ》を春宮《とうぐう》におたてになるようなことにならぬとも……
祈禱《きとう》の者を！
男御子《おとこみこ》を産ませてはならぬ！
気をたしかにもつのですよ
なんの心配もありませんからね
難産でございます
たいそうお悩みになられて
なにをしておる加持《かじ》の僧をふやさぬか！

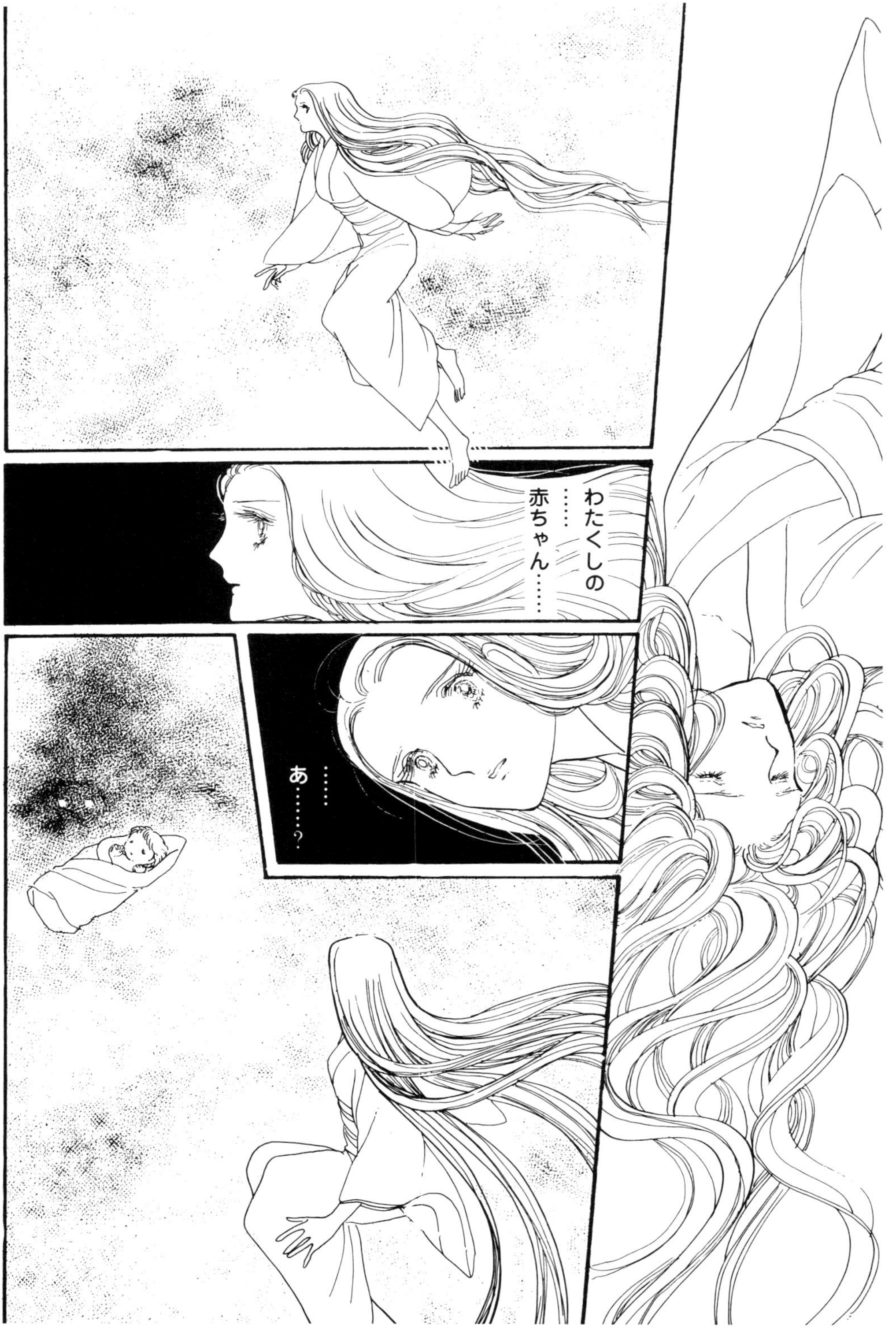
わたくしの……赤ちゃん……
……あ……？

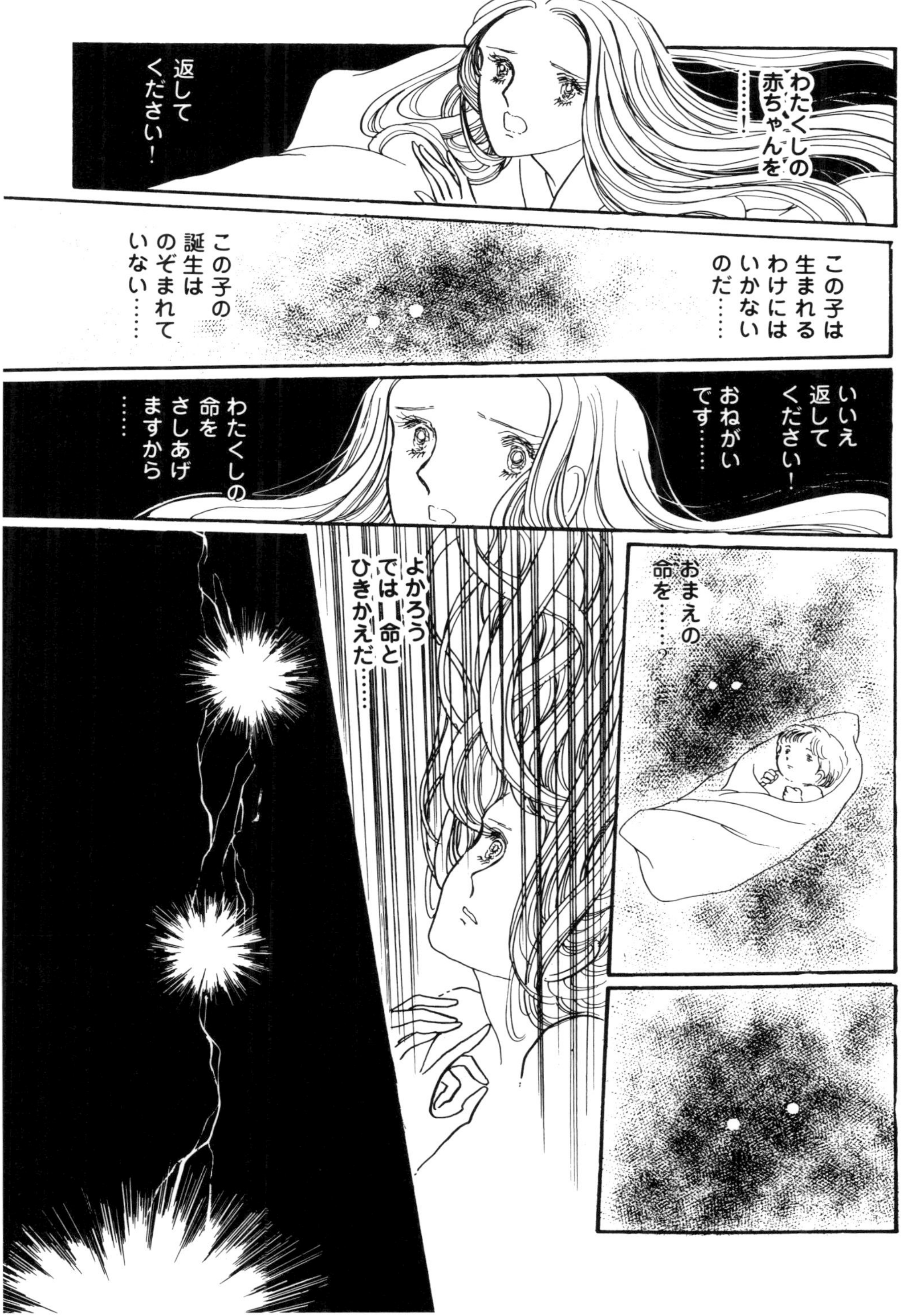
わたくしの赤ちゃんを……！
返してください！
この子は生まれるわけにはいかないのだ……
この子の誕生はのぞまれていない……
いいえ返してください！
おねがいです……
わたくしの命をさしあげますから……
おまえの命を……？
よかろうでは命とひきかえだ……

更衣《こうい》さま！ ああ よかった お気づきに なられた……
わたしの……
ええ 御子《みこ》さまが……
男御子《おとこみこ》さまが お生まれに なりましたのよ
美しい……
……若宮《わかみや》さまが
ああ……
神さま……！
まあ…… なんて おかわいいん でしょう
いちど お抱きすると 手ばなすのに 苦労して しまいますわ

こんなにおかわいい美しい赤ちゃんははじめて見ますわ
どんなにかすばらしい御子《みこ》さまにおなりあそばしますことか……
しあわせで……
いつまでもこのままに……
旧《ふ》る春も……夏も秋も冬も……
おまえの命とひきかえに……
おかあさま
おかあさま
あちらにおかあさまのお好きな花が咲いていましたよ

……どう なさいましたの? 宮……?
おかあさま…… なんだか 消えて おしまいに なりそう だったの
まあ……
いつか 乳母《めのと》が 読んでくれた 竹取りの……
かぐや姫のように 天に昇って……
かぐや姫のように お美しいと いいたかったの だろう?
ゆだんのならぬ おちびさんだ
おまえは おとうさまの おかぶを うばってしまう つもりだな
まあ 主上《おかみ》……

御息所（みやすどころ）＝皇子、皇女を産んだ女御、更衣の称。

なんだか暗い夜ですわね
嵐になりそう
切馬道《きりめどう》を閉めて籠《こ》めておしまい
……あら
扉が閉まっています
まあ……
戻り道も……
どなたか!どなたか開けてください!
カ
どなたか!
どなたかおりませぬか!

ジジジーーー
ひどい天気になったものだ
御息所《みやすどころ》はいまだ見えぬか
はっ いまだ
とちゅうまでむかえにいくがよい
はい……
まだお見えになりませぬ
主上《おかみ》!

錠がさしてある……？
桐壺《きりつぼ》!?
主上《おかみ》！
よろしゅうございました！どうなることかと……
桐壺！
しっかりいたせ！桐壺!!

……ご重体でございます
このうえは実家《さと》のほうにおかえしなさるのが……
……主上《おかみ》……
このようなことになるのなら……宮仕えなどにあげるのではありませんでした
……いいえおかあさま
……わたくしはしあわせでございました……
かずならぬ身が主上《おかみ》の愛を得てわたくしも主上《おかみ》を……
……わたくしにとって……これ以上のよろこび深い一生があったでしょうか……
姫……
おかあさま……
……宮さま
……おいとまするときがまいりました……

ああ……おかあさまはこれ以上あなたになにもしてさしあげられない
こんな小さなあどけないあなたをのこしていかなければならない……
けれども吾子《あこ》よ……おかあさまはおかあさまの人生をあなたにあげましょう
弱かったわたくしがこうしてあなたの母となれたのは……
愛が勇気を与えてくれたから……
その愛をあなたにのこしましょう
いつの日も愛し……生き……しあわせに……
おかあさま……
……おかあさま
おばあちゃま……おかあさまおやすみになってしまわれたの？
あとでごいっしょに遊んでくださるとおっしゃったのに

おばあちゃま……
……宮さま……
……いとしい人よ……
わたしの人生は終わってしまった……
主上《おかみ》は御息所《みやすどころ》を失われて
あれからずっと桐壺《きりつぼ》におこもりになって……
おいたわしいことですわ
……
時がたてばまた楽しいこともありましょう元気をおだしください
……時ふれば傷はいえるのだろうか
新しい喜びに身をまかせることができるだろうか……
祖母君《そぼぎみ》のところにおとどめになっている若宮さまも
もはや生いたたれてお美しくお育ちでございましょう
あれから三年……

主上《おかみ》……二の宮さまがおつきになりました
若宮……
いとしい人よ……
あなたは死んではいなかったのだね……
あなたはこの子の中に……
主上《おかみ》……
主上……
おいで……
わたしの子よ……
おばあちゃまが……亡くなられたの……
おとうさま……
これからはわたしがいるよ
いつもこれからはいっしょだ……
いいね

若宮さまのご利発なのにはおどろきます
土が水を吸うように学問を身につけていかれる
あのようなかたが国主にたたば国はどんなにか……
この君には国父《こくふ》となられる貴相がございます
遠《とお》つ国《くに》へきてこのようにすぐれた相の稚児《ちご》に会えたのは　なんというよろこび……
……しかし残念なことにそうなられると国が乱れ民の憂いとなることが起きそうです
……それで源《みなもと》の姓をお与えになったと申されるのですか？
……残念にも思ったが……
なまじうしろだてもないままに親王とするよりも
臣《しん》のままにいたほうがのびやかに生きられよう
だれにもさまたげられず人を知り愛を知り

だれよりも心豊かな男となれよう……
光《ひか》るの君《きみ》よおかわいいわね
さとくてやさしくて……どの皇子《みこ》さまよりもお美しくて……
お寄りになりません？
おいしいお菓子をさしあげましょう
ありがとう……あとでね
キャ
口きいたっ
どうなさったのです？こんなところで
ごきげんがお悪いのですねめずらしいこと……
なんでもない……

ぼくのおかあさまは……
ぼくにはどうしておかあさまがいないの？
ほかの皇子《みこ》や皇女《ひめみこ》にはおかあさまがいらっしゃるのに……
源氏《げんじ》の君《きみ》……
……でもそのかわりだれよりもおとうさまのおそばにいられるのですもの
……亡くなったおかあさま……
ぼくの……
お小さくておかあさまが亡くなったのを覚えてはいらっしゃらないのね……
……
ぼくに似ていらしたのかしら……

女御《にょうご》さま……
女御さま
女御さま……
光《ひか》る君《きみ》……!
たいへんでございますよ
おとうさまが新しく召《め》された女御《にょうご》さまに いま
お目にかかりましたの
それがなんと亡くなられた若宮さまのおかあさまに生き写しでいらっしゃいますのよ
きっとそのうち父君さまからお召しがございますわ
おたのしみになさいまし
新しい女御さま……
あのかただ……!

其の二

先帝の四の宮の姫君は
入内《じゅだい》され
藤壺《ふじつぼ》の女御《にょうご》と称された
ときに光《ひか》る君《きみ》は九歳
藤壺の女御は十四歳であった

主上《おかみ》のなされようはあまりでございます
弘徽殿《こきでん》の御方《おんかた》さまがお気の毒で……

桐壺《きりつぼ》の御方《おんかた》が亡くなられてすこしはこちらにもと思っておりましたのに
こんどは先帝《せんだい》の四《よん》の宮《みや》さまが桐壺《きりつぼ》の御方《おんかた》にたいそう似ておいでとお聞きになると
さっそく入内《じゅだい》をおすすめになる
まったく……どこまで桐壺《きりつぼ》の御方《おんかた》にお心を残しておいでなのか……
死んでまでなお……憎らしい女……
なにがおかしいのかね左《さ》の大臣《おとど》
ひさかたぶりでお見あげ申します
主上《おかみ》がそのようにたのしげなごようすは……
わたし自身思いもよらなかったよ……

まるで御殿《ごてん》には春がよみがえったようだと女房《にょうぼう》たちが申しておりましたよ
桐壺《きりつぼ》の若宮《わかみや》さまのお美しさは光り輝くよう……
そして藤壺《ふじつぼ》の女御《にょうご》さまは輝く日の神のよう……
光《ひか》る君《きみ》よ
輝く日の宮よ
春の中の春……藤のころが……
ほんとうによく似ておいでだ！
若宮は亡き母の御息所《みやすどころ》に生き写しだから
そうしてつれだっておられるとまるでほんとうの親子のようだね
いや……年若いあなただから
まるで姉と弟のようにとでもいおうか……

すまない……
亡き御息所《みやすどころ》が生きていたらこうもあろうかと思いだされてね
主上《おかみ》……
わたくしも光る君が大好きでございますわ
おかあさまがいらっしゃらないのにほんとうにけなげでおやさしくていらっしゃいます
亡き御方《おんかた》さまもどんなにかすばらしいかたでいらしたのだろうと……
光る君を見るにつけ思われますのよ
あなたはやさしいかただね
藤壺《ふじつぼ》の女御《にょうご》
まあまだおやすみにならなかったのでございますか？
とっくにおねむの時間でございましょう
白梅《しらうめ》が咲くのを待っているの

まあ…… 梅のつぼみは まだ かとう ございます のよ
あそこの 先の枝のが ふくらんで いるんだ
今年 はじめての 白梅がひらいたら まっさきに お目にかけるって
藤壺《ふじつぼ》の宮《みや》さまと お約束したん だもの
……まあ……
ほんとうに 藤壺《ふじつぼ》の 女御《にょうご》さまを ……
……でも それなら なおさら 朝まで お待ちに ならな ければ
さあさあ 早く おしとねに おはいり あそばせ
夜は まだ 寒う ございます のよ
白梅は ひらく かしら……
あしたの 朝までに ……
そうしたら あのかたに お目に かかれる……
おかあさまに 似て いらっしゃると いう……
藤壺《ふじつぼ》の 宮《みや》……

あの美しいかたに……
白梅よ……
早く咲いておくれ……
ピ……
ピピピ……
ま……!
若宮さま!
まあ……美しいこと
外はまだうっとうしい冬なのに
それは白梅のせいではなくて光る君のせいですわね
この藤壺《ふじつぼ》にだけひとあし早く春がきたようでございますわ
まるでおへやの中が明るくなったよう……
小さな春のお使者さん

さ……早く おあがりなさい
朝げを ごいっしょに いただきましょうね
光る君……
お熱が……？
まあ…… どういたしましょう 朝まで 梅の咲くのを 待っていらしたので……
コン コン
まあ…… うかつなことを……！
早く 夜着《よぎ》を……！
お薬湯《やくとう》を お持ちなさい！
……朝まで……
まあ…… 女御《にょうご》さま お手ずから ご看病を……

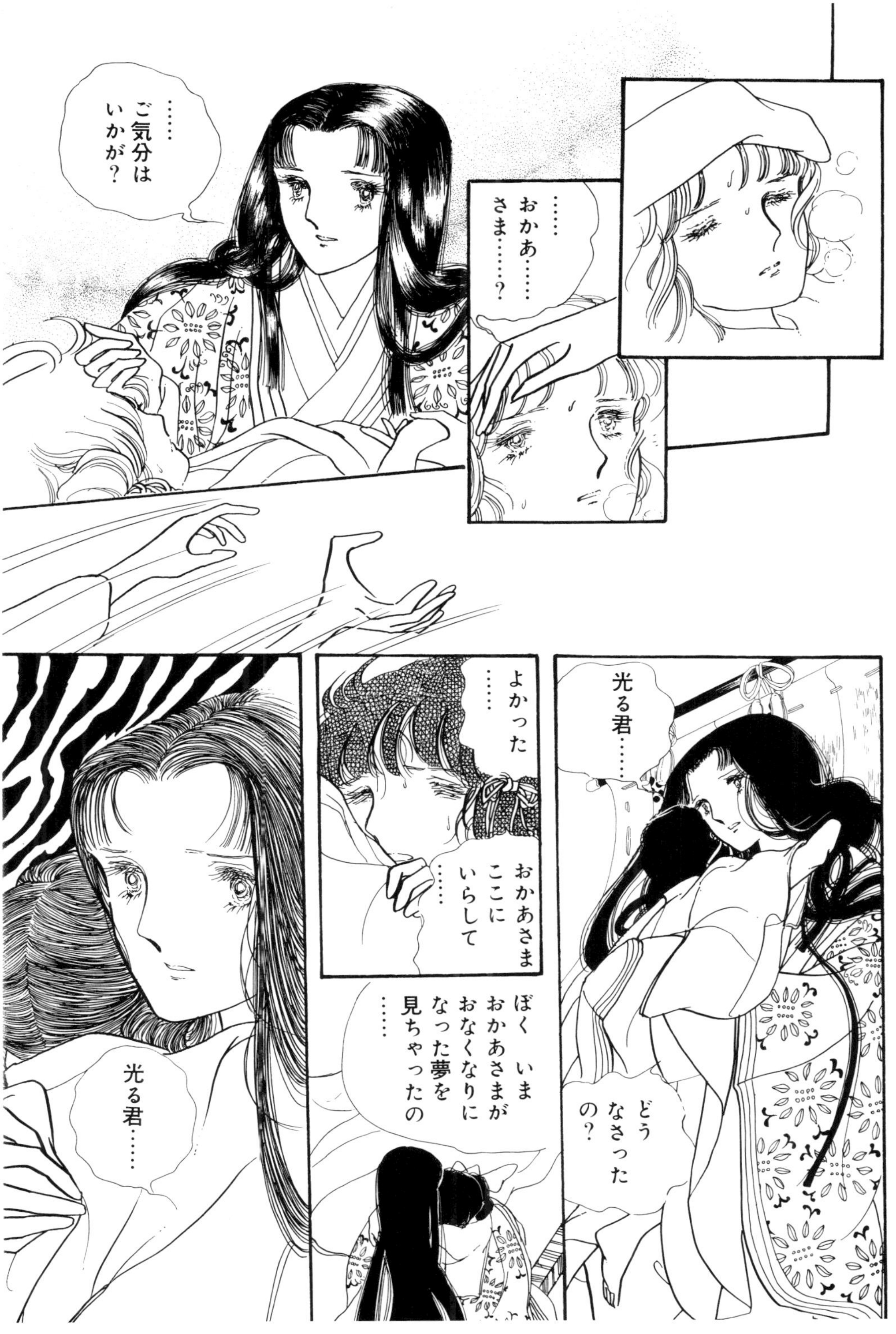
……おかあ……さま……?
……ご気分はいかが?
光る君……
どうなさったの?
よかった……
おかあさまここにいらして……
ぼく いまおかあさまがおなくなりになった夢を見ちゃったの……
光る君……

……どこへもいきませんよ……
光る君とごいっしょにいます……
どこへもいかない？
お約束してくださる？
はい……
だから安心しておやすみなさい
いつまでも……
いつまでも……
疾《と》く過《す》ぎゆくな……
春の中の春……

おおっ
おみごと!
さすがは主上《おかみ》ごじまんの光る君
文武ともに群をぬいておられる
お年とともにますますかがやくように生《お》いたたれて……
まぶしいほどですわ

こう申しては なんですが 春宮《とうぐう》の宮《みや》よりも むしろ……
しいっ めったなことを
もう ごりっぱな 公達《きんだち》で ございますな
こうなりますと ご元服《げんぷく》の 日どりも そろそろ お考えに ならねば……
わが娘 弘徽殿《こきでん》の女御《にょうご》の 産みまいらせた 春宮《とうぐう》さまと……
臣《しん》に下られる 桐壺《きりつぼ》の若宮《わかみや》さまの 位置を はっきりとさせて いただきませんと
…… ……

光る君さま
帝《みかど》が およびで ございます
そう…… じゃ また あとで
宴《うたげ》が おわったら いらっしゃい ごほうびを さしあげ ましょう
だれか…… おりませぬか？

光る君……
……ごめんなさい
お起こししてしまって……
どうなさったの？こんなところでこの夜更《よふ》けに……
なんでも……今宵《こよい》はここでやすもうと思って……
光る君らしくないおっしゃりよう……
いけませんわね帝《みかど》の皇子《みこ》さまがこんなところでおやすみになっては……
明日……元服《げんぷく》の式をうけるのです
父上がそう申されたので……
元服したら……もういままでのようにおそばにあがることはできなくなってしまうでしょう
だから……

せめてこよい一夜……
宮さまの身近にいようと思って……
光る君……
いっそ元服式なんかなくなってしまえばいいのに……!
なにをおっしゃるの光る君……元服はおとなにおなりあそばすたいせつなお式……
元服の式をおうけになってごりっぱな公達《きんだち》として……
そして美しい奥方を……
……ほんとうに……
そうしたほうがいいと思っておられるのですか?
光る君……
……それが光る君のおしあわせにおなりあそばす道ですもの……
しあわせになれるとおっしゃるのですか
あなたと離れて!

いつまでも いっしょに いてくださると お約束して くださったのに
……もう おもどり なさい ……
早く おやすみに ならな ければ……
藤壺《ふじつぼ》の宮《みや》さま！
お帰り なさい！
これ以上 ここにいては いけません！
……ごめん なさい……
いまのまま 時が たたなければ いい……
明日なんか こなければ いいのに……

光る君……!
御所《ごしょ》にあがってもういくとせ……帝《みかど》の寵妃《ちょうき》として人々にかしずかれ
帝《みかど》もこよなく愛してくださる……
けれど見知らぬ人々のあいだに
わたしが見出したしあわせは
御殿《ごてん》のうすやみに一輪ともった……
くれないをひめた白梅の花
…!

ほう…
なんと……
これは……
あまりみごとな黒髪でおそぎするときにはおもわず手がふるえてしまいましたよ
まだ年もゆかぬのに元服姿は見おとりするかと案じていたが……
かえっていっそうお美しさをましたように思われます

……春宮《とうぐう》さまにもおとらぬ……
いえ それどころか いっそう 盛大なお祝い だということで ございます
それに「添《そ》い臥《ぶ》し」には 左大臣家《さだいじんけ》の 姫君が たたれたとか
なんと……!
左大臣《さだいじん》の姫は わが子春宮《とうぐう》の 妃《きさき》にと まえまえから 申しいれを しておいた ものを……!
それを あのような いやしい女の 息子になど……!
きょう よりは 源氏《げんじ》の君《きみ》
この左大臣を 後見に なにかと 相談して よりどころと なさい
わたくしの妻は 帝《みかど》の御妹《おんいもうと》…… 源氏の君には おば君に あたります
それに息子は 源氏の君と お年ごろも近い ことですし
どうぞ 気がねなく おこしください ますよう

ご長男の頭《とう》の中将《ちゅうじょう》はそなたとも幼なじみ
妹の姫君はたいそうお美しいと評判だよ
お気にそまぬごようすですね
まだはずかしい年ごろなのだよ
いまごろどうなさいましたの まだ お祝いの宴《うたげ》が……
女御《にょうご》さまにごあいさつを……
藤壺《ふじつぼ》の女御《にょうご》さま……源氏《げんじ》の君《きみ》さまが……
まあ源氏の君さま……

このたびは ご元服 おめでとう ございます
源氏《げんじ》の君《きみ》
御簾《みす》を…… あげては いただけないの ですか……?
源氏の君は もはや おとなにおなり あそばしたの ですから……
…… 遠い……
ただ ひとえの 御簾《みす》に……
わたしたちは すでに……
分けられて しまった……

源氏の君がおかわいそうですわ元服なさったといってもまだ十二歳……
女御《にょうご》さまをおかあさまともおねえさまともおしたい申しあげておられましたのに……
母とも姉とも……
わたくしもあの少年を愛していた……
それだからこそ……それを越えてはならない……
どんなことがあっても……
……
娘の……葵《あおい》とおよびください

まあ……そうしてお二人でいらっしゃるとまるでおひなさまのようですわ
ほんとうにお似合いで……
父上が申されていたとおり……
美しい姫君《ひめぎみ》……
仲よくしていけるかもしれない……
ごきげんよう……
あまり源氏の君がお美しいので気おくれがしたとみえます
はずかしがることはないのですよ姫……
きょうからお二人はご夫婦なのですからね……
葵《あおい》の上《うえ》……
もうおやすみになりましたか……?

おやすみになっていらっしゃらないのなら……
すこしお話でもしませんか？
……
……
あのかたとだったらいろんな物語をして……
あきることなく……夜の更《ふ》けるのも忘れてしまうほどだったのに……
もう……

あんなふうには
すごせない
のだ……
ふふ……
クスクス…

……あ！
……失礼！
やあ……源氏の君
めずらしく妹のところへお渡りですか
ひさしぶりです頭《とう》の中将《ちゅうじょう》
あなたが御所《ごしょ》でばかりおすごしになってすこしもわが家にお寄りくださらぬと父がなげいておりましたよ
まあおはいりください
わたしとも妹の縁で兄弟になるわけなのですからたまにはお話でも……
ふうん……
光るようにお美しいとは思ってきたが
女どもがかしましいはずですね

でも このていどで顔を赤くなさるところをみると……
うわさほどには遊びなれておいでにならないようだ
いけませんか?
いけませんね
第一に……
これからはこんな美しい男を御所《ごしょ》の女たちばかりに独占させてはいけません
第二にお若いくせにそんな悟りきったお顔でいらっしゃるのも気にいりませんね
そんなお顔をなさるのは人間おおいに笑いおおいに泣いたあとでよろしい
おもしろい人だ……
さて まずおおいに笑うことですが……
若さまご学友がまいられましたよ
おお!おはいりおはいり
学友というか悪友というか

もっと多くの人と交わり語りなさい
新入りだよ なかよくしておやり
なんとおそれおおくも帝《みかど》の皇子《みこ》さまだ
世の中にはもっと多くの魅力にとんだ人々が生きている……
世に憂《う》さをはらす手だて……
詩歌《しいか》や管弦《かんげん》狩りに酒……
そして若さには夢がある……
かんじんの娘ではなく息子のところへばかりまいられるとは……
まあ……源氏の君もまだ お若いことだし……
あまり源氏の君にはしたないことを教えてくれるなよ
はい はい
それから右《め》の大臣《おとど》からもひにくをいわれたぞ
むこどののがちっとも寄りつかぬとな

いいわけしておいてください父上
病気とでもなんとでも……!
忘れられるのだろうか……
こうしていれば
いつかわたしもわたしの恋を見つけて……
……
お美しい公達《きんだち》ですこと
源氏《げんじ》の君《きみ》さまと頭《とう》の中将《ちゅうじょう》さま
当代の若い一対の花ですわね
いずれが桜《さくら》か橘《たちばな》か……
わたくしの手から飛び去った小鳥
どんどん速く……どんどん遠く……

これでよいのですね……
あなたの年月はいま はじまったばかり……
……妹は……
葵《あおい》は……
じつは春宮《とうぐう》の妃《きさき》にとのぞまれていたのですよ
……春宮《とうぐう》の
……だから将来の大后《たいこう》としてまわりから育てられてしまったのです
だれよりも気高くね……
根は悪い娘ではないのですが……
わかっていますよ

あなたよりも四歳年上というのも気にかかっているのかもしれない……
女というのはつまらぬことを気にしますからね
ありがとう……
わたしも気長に待つつもりでいます
あなたが妹のところによりつかないのを非難しているわけではないんですよ
わたしにしたって……
中将どのの北の方は弘徽殿《こきでん》の御方《おんかた》の御妹君《おんいもうとぎみ》でしたね
ええ……右大臣《うだいじん》の四《よん》の君《きみ》です
それでどうなさっているんです?
そりゃさがすわけですよ
理想の姫君をあちらこちらとね
わたしの唯一の泣きどころですよ
あなたはきらくでいい……
まあ 妹のむこ君に聞かせるべきことばではありませんが

しかし理想の女といっても……
京《みやこ》広しといえどもそうおいそれと見つからぬものでね
おや……
なにやらおもしろいお話をしておいでのようですね
当世 名高い源氏《げんじ》の君《きみ》と頭《とう》の中将《ちゅうじょう》のご高説ならぜひうけたまわりたいものです
左馬《さま》の頭《かみ》に藤式部《とうしきぶ》の丞《じょう》か……
あなたたちこそさぞおもしろい冒険談をおもちだろう
話してごらん
まあ……そうですねわたしなどのとぼしい体験から申しあげますと……
あまり上流の姫などはまわりにかしずかれ欠点などもかくされてしまっておもしろみはありませんね
評判をきいて出かけていくとおやと思うほどできのわるい姫君であったりすることが多いのですよ
またあまり身分の低いものもやはり気の知れぬところがありましてどうも……

やはり中流……地方の物持ちや地方の受領《ずりょう》の女たちの中に思いがけずすぐれて個性的なのがあっておもしろみもいちばんですね
やはりこれからは中流の時代でしょうな
しかしおもしろみがあるといっても遊びでなくて妻に選ぶとなると　またたいへんです
やさしい女は情《じょう》に流されて浮気をしかねないし
しっかり者はがさつで色気にとぼしく味気ない……
嫉妬《しっと》深いのもたまらないが
さりとて嫉妬さえしてくれないとなると……
相手の愛情もうたがいたくなろうというもの……
あまりかわいいばかりでおろかな女というのもこまりものですが……
わたくしの妻などは教養深い女学者とでもいいましょうか……
夫としては気のはる毎日です
なにしろ寝物語が漢文の講義で……
おおいやだいやだ
そんなものとつれそうくらいなら鬼とでもつれそったほうがまだましだ

ひどいなあ
中将《ちゅうじょう》どのは
話せ話せと
いっときながら
笑いものに
するのだから
ごめん
ごめん
……
では……
おろか者の
話をしま
しょう
わたしにも
まだ身分の
低かったころに
恋人がいてね
はかなげな
美少女で
……
内気すぎる
ほど
おとなしい
人だった……
むろん
わたしは
正妻を
むかえて
いたけれど
長い
つきあいで
かわいい
女の子まで
生まれて
……
生涯
不自由なく
めんどうを
見てゆこうと
思っては
いたのだ
別れて
しまった
の……?
妻が
気の強い女
でね……
なにか
その女に
ひどいことを
いってやった
らしくて……
しばらく
顔を見せずに
いたあいだに
ゆくえしれずに
なってしまった
……

手をつくしてさがしてもみたのだがね……
とうとうわからなかった……
なでしこの花にことよせて便《たよ》りをよこした
常夏《とこなつ》の……あの女《ひと》は……
……意外と情の深いところがおありなんですねえ
おおかたつりのがした魚のたぐいでしょう
人を鬼のようにいうとあとがこわいですよ
源氏の君こそ秘めた恋のひとつやふたつごひろうにおよんではいかがですか？
……話すようなものはなにもありませんよ
……わたしの恋は……
なにをおっしゃる聞きおよんでおりますよ
麗景殿《れいけいでん》の女御《にょうご》の妹君や（花散里《はなちるさと》）
式部卿《しきぶきょう》の宮《みや》の姫君（槿《あさがお》の宮《みや》）

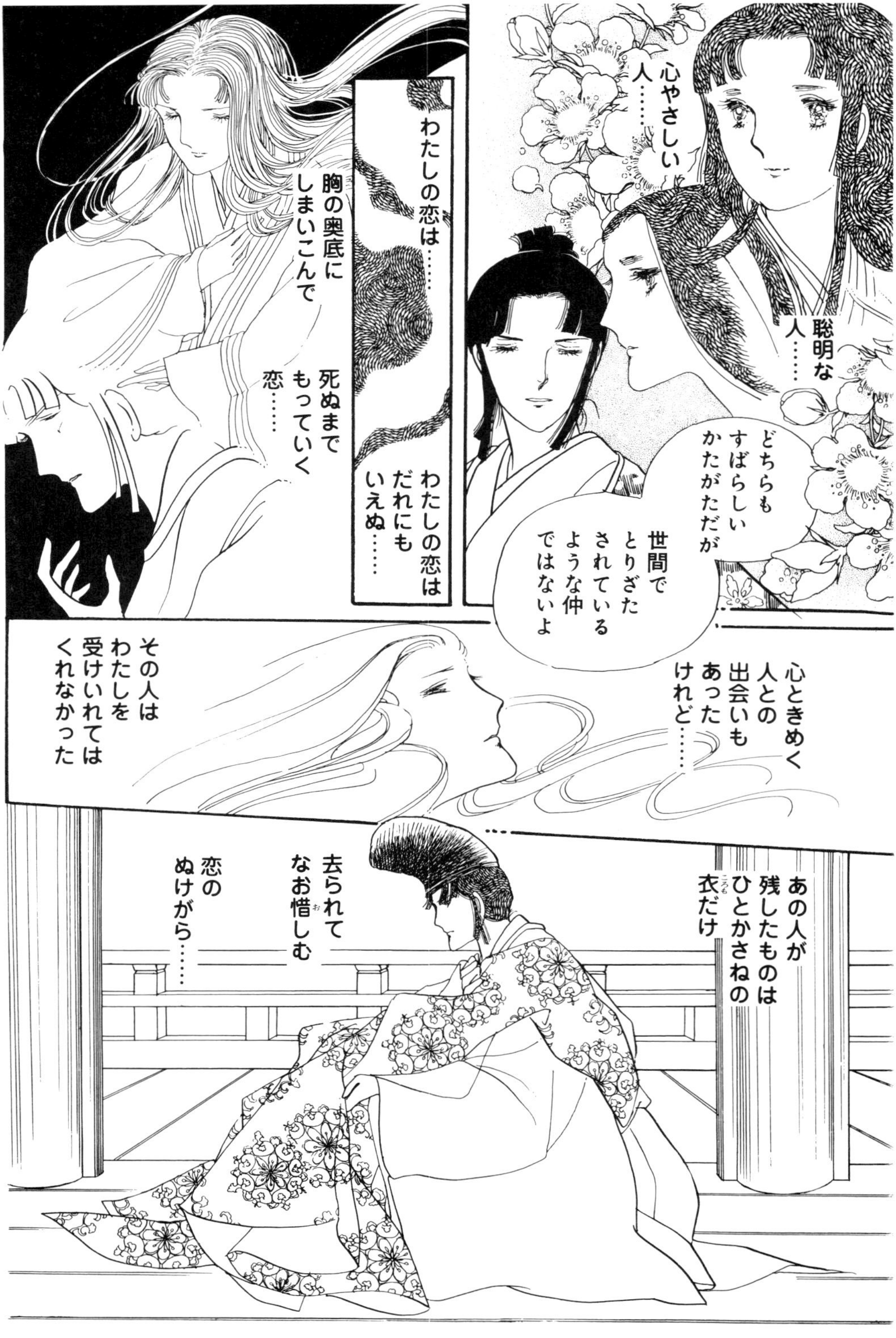
心やさしい人……
聡明な人……
どちらもすばらしいかたがただが
世間でとりざたされているような仲ではないよ
わたしの恋は……
わたしの恋はだれにもいえぬ……
胸の奥底にしまいこんで
死ぬまでもっていく恋……
心ときめく人との出会いもあったけれど……
その人はわたしを受けいれてはくれなかった
あの人が残したものはひとかさねの衣《ころも》だけ
去られてなお惜《お》しむ
恋のぬけがら……

ああ
だれか……
わたしの心を
うけとめて
くれる人は……
どこに
いるのだろう……
もっと
すなおに
なれないの
だろう……
どうして
……
あのかたは
いつも
やさしくして
くださる……
でも……
あのかたが
年若い夫で
なければ……
そう
できるかも
しれないのに
……
はじめて
お会いした
ときに……
あまり
お美しい
かただったから
あまり
すなおに
ほほえまれた
ので……
どうお返し
したらよいのか
わからなかった……

わからなかった
……!
あんなときにどうすればよいのか……
だれも教えてはくれなかったもの……
だれも……!
……気分が悪いのです
乳母《めのと》をよんでくださいませ
葵《あおい》の上《うえ》……
ほんとうに気分が悪いのです
お話ししたくありません!
……わかったよ
そうしよう……
これはよいところへまいられましたな源氏の君
お若いかたが遊びばかりでなく学問にもいそしまれるのはけっこうなことです

ちょうど文書の整理をしておりましたところで
ここにありますのは古今《こきん》の名筆《めいひつ》ともいうべきかたがたのお手蹟《て》になるもの
どれもこれもすばらしいものですね
源氏の君もなかなかすぐれたお手蹟《て》をなさっておられますが
これは……？
ああ……それは六条《ろくじょう》の御息所《みやすどころ》さまのお手蹟《て》でございましょう
六条《ろくじょう》の御息所《みやすどころ》と申されると
先の春宮《とうぐう》さまの……？
さよう先んじられた春宮《とうぐう》さまとのあいだに姫宮さまがおひとりおいでになられますが
……
あのお若さで歌の才もたしなみも
あのかたこそ当代随一の貴婦人と申せましょう
仮名文字《かなもじ》にかけてはこのおかたの右に出るものはございませんでしょうな
品格……墨の濃き薄き型といい……

六条《ろくじょう》の御息所《みやすどころ》……
どのようなおかたなのだろう……
このように美しい文字をお書きになるかたは……
いちど ぜひお会いしたいものですね
できればこのようなかたにお教えいただきたいものだ
よろしいですともあなたのようなおかたとなら漢詩漢文のお話もはずみましょう
せっかくではございますけれど……
おことわり申しあげますわ
源氏《げんじ》の中将《ちゅうじょう》といえば宮中でもてはやされているといううわさの……
わずらわしいこと……
お集まりくださるかたがたは趣味人風流人……
お若いかたのおたのしみになれるはずもございません

いえ……源氏の君はけっしてそのようにうわついたお心持ちでは……
なにしろ博士《はかせ》たちも舌をまくほどの秀才でいらっしゃいますから
なにとぞ……
しかたがないわ……
なにかきっかけをつくって帰っていただきましょう
……では一度だけ
まあっあの源氏の君がおいでになるなんて……!
夢のようですわ
はしたなくさわぐものではありませぬ
……うわついた公達《きんだち》など……
源氏の君でいらっしゃいます
おみちびきくださることありがとうぞんじます
ほんとうに……お若い……

あのような お手蹟《て》を 残されるかたに ふさわしい
うるわしい お人がらと お見あげ 申します
春宮妃《とうぐうひ》で ありましたのは 遠いむかし……
いまは世捨て人《よすてびと》 同様に すごしており ます
お目に かける ほどの ものでは ございません
……澄んだ はりのある お声です
世捨て人 などとは 申され ますな
声をかける つもりなど なかったのに……
空薫物《そらだきもの》 調度……
これほどみごとに 住みなして いる人…… ほんとうの 貴婦人なのだ
そのままに しておおき なさい
今宵《こよい》は 月が 明るい
「燭火《ともしび》を 背《そむ》けては ともに憐《あわ》れむ 深夜の月」……と いいますからね

……「花を踏《ふ》んでは同じく惜《お》しむ少年の春」……
いかがでございました？
うわさどおり高貴なおくゆかしいかただったよ
ああいうかたにお会いできたのは幸運というものだろうね
簾《すだれ》のかげにほのかに見えた
白いお顔やお手……
あのかたに似ていたような気がする……

まあ……月光に浮かびあがった源氏の君のごようすといったら……
いえ月の光もかすんでしまいそうだったわ
これからもちょくちょくおいでになるといいのに
つまらぬことをさわいでいないで寝じたくをととのえておくれ
はあい
なまいきでうわついた貴公子であろうと思っていたけれど……
源氏の君は今宵《こよい》はおいでになれないそうでございます
そう……
どうしたというのでしょう……
カラ…
落ちつかない……

わたくしは……
いつのまにか あの少年の くる日を 心待ちにして いる……?
指折り かぞえて いる……?
わたくしは ……
まだ 美しい ……?
……おろかな こと……
このわたくしが あのような 若者を 相手に することなど ……
世人が なんと 笑おう……
藤壺《ふじつぼ》の ほうが にぎやか だね
藤壺《ふじつぼ》の 御方《おんかた》さまが 管弦の もよおしを なさって いらっしゃるの ですよ

おいでにはならないのでございますか？
ああ……
先約があってね
……よそういっそうつらくなるだけだ……
父上とあの人がいる場所は……
どちらへ？
わたしのいるべき場所ではないのだ
六条《ろくじょう》へ！
どうなさいました……？
今夜はあまりお話をなさいませんのね

きょうは わたしの 書いたものの 中から……
…… ……
それは わたしが 手習いと いうものを はじめて したときの ものです
…… ま!
ホホ…… オホホ
やっと お笑いに なりました ね……
失礼を 申しあげ ました
よいのです それが 聞きたかったの ですから

子どもっぽいいたずらをなさるものではありません
三位《さんみ》の中将《ちゅうじょう》であられるかたが……
では……これが最近のものです
……あ！

ああ……
ほんとうに……
美しいかただった……
えがたい人……
源氏《げんじ》の君《きみ》……
かくさないでください
夢に見ていたとおりのかただ……
あなたこそ貴婦人の中の貴婦人……
お手をおはなしになって……
人を……よびますよ……
……およびになりたければ……
……いけません……!
おしずかに……!
あなたのようなかたを……わたしはさがしていたのです

……ああ……！
なぜ……わたしは……
この若いかたを受けいれてしまったのだろう……
自分の身もかえりみずに
……
流されてしまう……
わたしは……

……おそろしい……!
止めておくれ……惟光《これみつ》
おそろしいほどの月光……

この月を……
あの人も
見ている
ことだろうか……
たぐいなく
高貴な
人を得ても
なお……
忘れ
られぬ……
遠ざかろうと
思えば
思うほど……
花を踏《ふ》んでは
同じく惜《お》しむ
少年の春……

其の三

花語らず
咲きしをる
落ちてふたたび枝にかへらず
ただひとときに
すべてを託す
そは一輪の花の声
悔いもなく輝く
一輪の愛

ほう……？
先の春宮妃《とうぐうひ》のもとに源氏《げんじ》の君《きみ》が……？
ほんとうか？それは……
先の春宮妃《とうぐうひ》……六条《ろくじょう》の御息所《みやすどころ》といえば才色兼備のほまれも高い貴婦人中の貴婦人
しかもいままで名うての貴公子風流人の手にもなびかぬと評判の……
それがあのおぼっちゃんにねえ……
してやられましたな頭《とう》の君《きみ》
いやいやすべからく恋はしのびやかに成就するもの

……まあ……いまをときめく
源氏《げんじ》の君《きみ》が
お相手とあらば
六条夫人《ろくじょうふじん》とても
不足はなし
若く美しい
貴公子と
ろうたけた
貴婦人
あきらめたり
あきらめたり
昔語《むかしがた》りの
絵にもなりそうな
組み合わせでは
ありませんか
源氏の君
……
……
源氏の君
……ん……
もう
おしたくを
なさらなければ
夜が
明けて
しまいます

う……ん
……まるで姿の見えない天使とあらそっているようだこと
この人はまだとても若いのだ……
朝まだき…若いときは眠いもの
さあ……きょうは御所《ごしょ》におなりになる日でございましょう
お起きにならないと
源氏の君……?
ああ……きょうはこのまま……
あなたとこうしてすごしたいな
いいでしょう?
ああ……
ごりっぱな殿方はそのようなわがままはおっしゃらぬもの……
またわたしを年若扱いなさる

ほんとうのこと
ですもの
あなたは
まだ十……
八に
なりました
よ
いいえ
まだ七……
ご元服
なさって
五年……
……
あ……
憎らしいことを
いう口なら
いつまでも
このままですよ
いけません
中将《ちゆうじよう》が
まいります
源氏《げんじ》の君《きみ》を
日が高く
なってから
お帰ししたと
いわれては
この六条《ろくじよう》の恥に
なりますわ
子どもっぽい
ことは
なさらないで

あなたの恋人としての評判は落とさぬように心がけましょう
それよりごらんなさい有り明けの月がきれいですよ
明るい光に身をさらすのは盛りを過ぎた女にはふさわしくありませんわ
若い姫君ならば知らぬこと
きれいだけれど月は冷たい……
しんとして心打つ光で
心を凍らせる……
源氏の君さまお車の仕度がととのっております
では今宵《こよい》また……
お心が変わらなければ……
三《さん》条《じょう》の奥方さまのところにもおいでにならねばならないのでしょう?

あなたが
そう
おっしゃるの
なら
もう……
来ない
ガバ!
……わたさない……
だれにも……
どうして……?
わたしは
いつでも
あなたのもの
なのに……

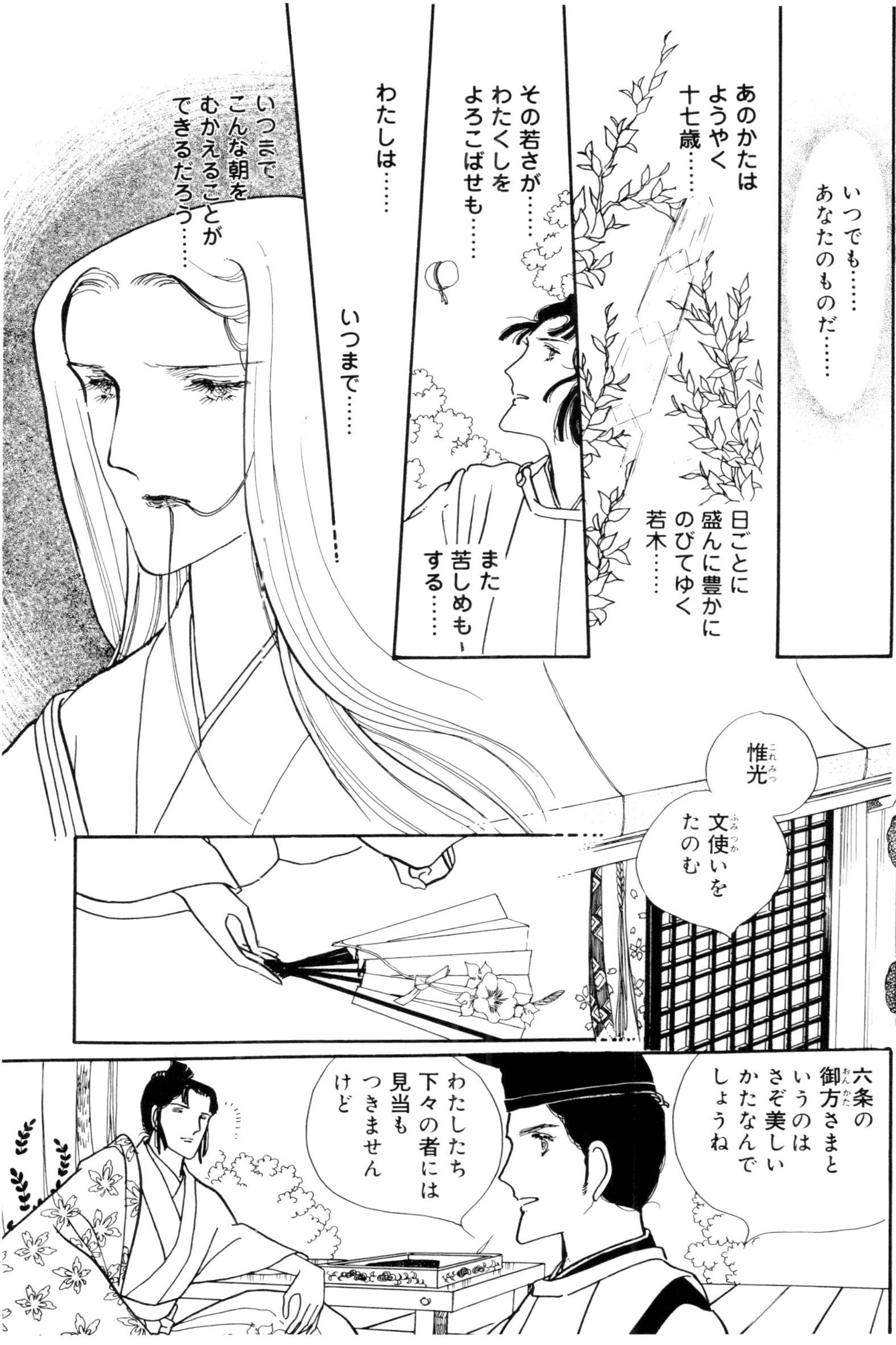
いつでも……あなたのものだ……
あのかたはようやく十七歳……
日ごとに盛んに豊かにのびてゆく若木……
その若さがわたくしをよろこばせも……
また苦しめもする……
わたしは……
いつまで……
いつまでこんな朝をむかえることができるだろう……
惟光《これみつ》
文使《ふみつか》いをたのむ
六条の御方《おんかた》さまというのはさぞ美しいかたなんでしょうね
わたしたち下々の者には見当もつきませんけど

どうしたのだ いきなり
いいえ
いつも 源氏の君は 格別に美しい うすようで お文を さしあげて いらっしゃる ようで……
香を たきしめた みちのく紙
色とりどりの うすよう……
文《ふみ》も 人にあわせて 紙を選ぶ ものだ
あのかたは 趣味のいい人 なのだよ
受け答えも 気がきいていて 教養も深く
律詩や 絶句も …… わたしは 教えられる ことばかり だ
むずかしい ものなんですね 身分の高いかたの おつきあいと いうのは
わたしなんか ですと 相手が やさしくて かわいい女の子で
なんだかんだ いっても 自分のことだけを 好きでいて くれて……
心から ゆるしあって くつろいで……

やさしくて
かわいい
恋人で……
心から
ゆるしあって……
そんなに
わたしは
いつも
つまらな
そうな
顔をして
いるかね?
い……
いいえ
そういう
わけじゃ
……でも
おしゃべりは
後にして
早く
いっておいで
はい
年上の
高貴な人……
いつも
先を歩いて
いる人……
いつまで
たっても
追いつけぬ人……
……いつでも
あなたのものだ……
いつでも
いつまでも
……
追うことに……
疲れたわけでは
ないけれど……

惟光《これみつ》……
朝から文使《ふみつか》いとはご苦労だね
頭《とう》の中将《ちゅうじょう》さま
御所《ごしょ》とは反対方向の六条《ろくじょう》で出会うとは
やはりうわさは本物らしいな
なっなんのことでしょう
みかけのわりにはものがたい男だと思っていたけれど
油断しているうちに思わぬ大魚を釣りあげられたものだ
頭《とう》の中将《ちゅうじょう》さま……あの……三条の奥方さまには……
わかってますよわたしも遊び人としてそこまで不粋なことはしない
あ……遊び人じゃありませんよわたしのご主人は……!

頭の中将さまに申しあげるのはなんですけど
三条の奥方さまさえもっと源氏の君をだいじになされば!
わかったわかった
源氏の君も忠義な乳兄弟を持ってしあわせだな
おかたさまはおかげんが悪いので失礼させていただくとのことで……
それならばお見舞いを申しあげよう
せっかくきたのだから
……またか……
あ……源氏《げんじ》の君《きみ》……!
上《うえ》……

……気分がすぐれぬと女房が申しあげませんでしたの？
わたしが来るとふしぎに気分がお悪くなられるようだ
わたくしなどでは気のきいたお話のお相手もできぬと思いましたので
むずかしい学問や詩文のお話ならばほかでなさるのがよろしゅうございましょう
聞いているのだ……
六条の夫人のことを……
気にいらぬことがあるのなら口にだしておっしゃってください
いったいなんのことでしょう
わかりかねますわ

……わかりました ご気分が よくなられる まで
当分 顔は だしますまい
帝《みかど》のご信任あつい 左大臣の姫を 妻としながら……
先の 春宮妃《とうぐうひ》さまと ……
あのかたは わたしなど かたちだけの 妻だと 思っているのだわ……
帝《みかど》の命で むりに結婚 させられた だけの……
どこまで へだたって ゆくのか ……
世にも許された 夫婦であり ながら……

さきほどの除目《じもく》（定期人事）での発言はなかなかおみごとでしたね
頭《とう》の中将《ちゅうじょう》
うもれている優秀な人々に日を当てるべきだといっただけですよ
みな優秀な学者だが家柄のために出世できずにいる
なにかまうものですか 除目《じもく》にもれたのは右大臣《うだいじん》におもねるばかりで無能な公家《くげ》ばかりですからね
帝《みかど》の寵児《ちょうじ》源氏《げんじ》の君《きみ》に勝てるものはないというわけで
こちらまで気分がよくなった
からかいにきたんですかきみは
とんでもない称賛してるんですよ
わたしがいいたかったのは正面から右大臣や弘徽殿《こきでん》の女御《にょうご》さまのご不興《ふきょう》を買うということですよ
気をつけられたほうがいい
わかっている……

都じゅうのあこがれの的《まと》を射おとしたにしては むずかしい顔をしておいでだ
頭《とう》の中将《ちゅうじょう》……あなたは……
いかがです? 年上の恋人のおもりはつかれたころでしょう
なんのことかわたしにはわかりませんね
ほう
相変わらずの秘密主義……
六条のご夫人は年若いあなたにはいささか重荷でしょう
いかがです? そろそろそのお役目をわたしにゆずりませんか?
とんでもないあなたのほうこそ聞きおよんでいるよ
あまりあやしい場所に出入りされるのは感心しないな
おや……
いつからわたしにお説教をなさるようになられたものか

ほら！読んでおくといい
女人《にょにん》に身をあやまった仙人の話がでているよ
源氏《げんじ》の君《きみ》……！
二人ともよいけんか相手らしいね
宮廷に並びない貴公子のそんなありさまを見たら
女房《にょうぼう》たちがさぞがっかりすることだろうよ
主上《おかみ》……！
父上
頭《とう》の中将《ちゅうじょう》母君にはひさしくお目にかかっていないがお元気かね
は……
ほのかな香《こう》のにおい……

なつかしい……くゆり……
あのかたがいらっしゃる……！
ここに……御簾《みす》のかげに……
輝く日の……
藤壺《ふじつぼ》の宮《みや》さまが……！
源氏《げんじ》の君《きみ》
は……
このところ藤壺《ふじつぼ》にも三条の左大臣家にもよりつかずにいると聞いて案じていたが

左大臣の姫君をないがしろにしてはいけないが
一方の六条《ろくじょう》の御息所《みやすどころ》は若くして先だたれた先の春宮《とうぐう》の妃《きさき》でもある
わたしも娘同様に案じていたのだ
お立ちになる……！
衣《きぬ》ずれの音……
シュッ
シュ……
くれぐれも粗略には扱わぬように
……はい……

左大臣の姫が気にあわぬのか
親としてよかれと思ったことだったが……
恋しているふりをし……
愛されるふりをする
わたしはうそつきだ……
わたしにとっての恋はただひとつしかなかったのだ！
ああ……わたしはだれにも恋などしてはいなかったのだ
幼いころのあこがれのすべて……
しあわせのすべて……

恋して
やまぬ人は……
この世では
ふれあえぬ
……
忘れようと
思い
心の中に
殺し……
それでも
なお……
熱い血の
ように
ふきあげて
くる……！
狂おしいほどの
この想いの
ほかには……！
今宵《こよい》は
どちらに
おでかけに
なります？
このところ
ずっと
こもりきりでは
ありませんか
すこし……
疲れたの
だよ
……
だれにも
会いたく
ない……
疲れた……！
かけひき
ばかりの
恋の遊び……

惟光《これみつ》
おまえのほうこそつかれているだろう
母上のご病気はどうだね？
はい……源氏《げんじ》の君《きみ》のつかわしてくださった薬師《くすし》のおかげでもちなおしまして
お心づかいのほど……ありがとうございます
おまえの母上といえばわたしにはたいせつな乳母《めのと》だ
礼の必要はないよ
すこしよくなったのなら見舞いにゆかねばな
そんな……もったいない……！
ひさしぶりに六条へ行くにしても早い時間だ
寄ってゆこう
母がどんなによろこびますことか……

いま門を あけますので しばし お待ちを
軒近な 家々
小柴垣《こしばがき》 檜垣《ひがき》……
物売りの 声……
京《みやこ》の中でも この辺へきたのは はじめてだ
白い花…… ?
こんなところに……
門が あきました ただいま
うち渡す 遠方人《おちかたびと》に もの申す ……
あやしい身分の ものとも 思えないけれど……
あそこに 咲いている 白い花は なんと いうのだ?
ああ…… 夕顔の ことですか

高貴なかたのお住まいに咲くような花じゃないのでご存じないんですね
一枝もらってまいりましょう
夕顔《ゆうがお》……
名は美しい……
どうぞおとりくださいな
なよなよした花ですからこれにのせてさしあげたらよろしいわ
これはこれは
こんなところに意外な風流人がいたものだね
素姓はわかりませんが仮住まいでなかなか心きいた女主《おんなあるじ》らしゅうございます

母のあんなによろこぶ顔を見たのははじめてです
幼いときに母や祖母を亡くしたわたしには親がわりなんだからね
それならこれからもときどきこよう
さっきの夕顔の扇……
忘れていた……
……心あてに……
うわさに高い光る君のようなお殿《との》さま
あなたに手折られてしあわせな夕顔の花でございますこと……
ほう……
こんなところで……
返事をお書きになるんですか?
女のほうからこんなこしゃくな文《ふみ》をよこされてだまってはいられまい
こんなところでふと知りあうも一興……

あ〜〜〜あ!
これじゃ頭《とう》の中将《ちゅうじょう》さまになんといいわけしたらよいのやら
これがなけりゃ申しぶんないご主人なんだが……
なにを怒ってる? 惟光《これみつ》
いーえ! べつに!
おかしなやつだな
……といってもおれにしてもいつまでも怒っていられないのは……
おれが源氏《げんじ》の君《きみ》の乳兄弟のせいか……
なんとなくにくめないお人ではある……
心《こころ》あてに それかとぞみる白露《しらつゆ》の 光《ひかり》そへたる 夕顔《ゆうがお》の花《はな》
寄《よ》りてこそ それかとも見《み》め たそがれに ほのぼの見《み》つる 花《はな》の夕顔《ゆうがお》

……
なにをいいあらそっているのです
中将《ちゅうじょう》
あの……でもおかたさま
この人たちときたらこのごろ源氏《げんじ》の君《きみ》がおいでにならないのは源氏の君に新しい……
いえ……その……
源氏の君もお若いのですからお寄りになるのはここひとつと決まっているわけではありません
つまらぬことでさわぎたてて人のうわさにのぼることこそ恥としなければなりませんよ
はい……申しわけございません
町の小路の女だという……
身分も素姓もいやしい女……

このまま……
君のおいでが遠のいてしまったら……
人々がなんとうしろゆびをさそう……
このわたくしが年若い恋人に捨てられる……
……それならばそうなるまえに別れてしまえばよい……
いつまでも恋のむくろをひきずり続けるのは見苦しい……
……それが
できるだろうかいまのわたしに……！
中将《ちゅうじょう》
はい
……
庭の薔薇《そうび》が散りおくれて見苦しい刈りとっておしまい
別れなければ……
そう
しなければ……

とるにたらぬ
いやしい女に
このわたくしの
自尊心が
根こそぎに
されてしまう……
そのまえに
……!
おかたさま
この枝はまだ
みごとに咲いて
おりますゆえ
お部屋に……
……
おかた
さま……!?

あなたはいったいどこのだれ？
名まえくらいあかしてくださってもいいでしょう
名まえなど……
ございませんもの……
……あなたこそお名もご身分もおっしゃいませんわ
名のってもいいですよ
わたしの父は若狭《わかさ》の受領《ずりょう》でわたしは……
……よそううそをつくのは
ふしぎな人だ……わたしがどこのだれかも知れなくて気味《きみ》が悪くはないの？

女房《にょうぼう》たちはあなたが三輪山《みわやま》の神さまで
わたしが……？
夜だけ人の姿になっておいでになるのではないかといっていましたわ
三輪山の神……ね
どこのだれとも知れぬわたしを
どうしてうけいれてくだすった？
……さびしそうなお目をなさっておいででした
苦しい恋をしているような……
あなたがどこのどなたでも……
あなたはおやさしいかた……
あなたがあきるまでおそばにいさせてくださるだけでいいの……

神は
あなたのほうだ……
夕顔《ゆうがお》の君《きみ》
あなたのような
人は
はじめてだ……
だれからも
与えられなかった
やすらぎを
あたえてくれた……
だれとも
ちがう……
あなたとなら
なにもかも
忘れられる
……
名など
いらない……
わたしたちの
あいだには……
……
なにも
いりません
……
お屋敷も
贈りものも
……
欲がないね
しあわせに
なりたくは
ないの？
しあわせ
ですもの
……
神さまの……
くださった
ぶんだけ
しあわせでした
わ……

しあわせにするよ
これからはずっと……
むりですわ
どうしてそんなことを？
どこのだれとも知れぬ……
ふしぎなたおやかな女人《にょにん》……
右近《うこん》さま
お殿さまがお通りになりますよ
まあほんとう？
まあ……たしかにあれはご家来《けらい》の……
お殿さまもたいそうご出世をなされたごようす
なんてごりっぱなお車……

あんなりっぱな殿がありながらなぜご主人さまはこのようなかくれ住《ず》まいを
おいたわしいこと……
はい……たしかに頭《とう》の中将《ちゅうじょう》さまのお車でした
おろか者の話をしましょう
かわいい女の子まで生まれたのに
行方知れずになってね……
……頭《とう》の中将《ちゅうじょう》の？
頭の中将にゆかりの人か
夕顔の君は……
しあわせでしたわ
神さまのくださったぶんだけ……
……
この人も苦しい恋をしたのかもしれないと
思ったことがあった……

それなのにどうして……
そんなふうにほほえむことができるの……?
ねえ……
どこか知らないところへ行こう……
どこのだれとも知れぬわたしとどこことも知れぬところへ……
いや?
いいえ
でもすこし……
こわい……
だいじょうぶあなたはだまってついていらっしゃい
右近《うこん》ついてきなさい

どこへ……？
二人きりで すごせる ところ
あなたの家も おもしろいが どうも あたりが 騒がしすぎて ね
くちなしの 花の…… 強いにおい ……
こよいは 風もない……
あのかたは……
庭に満ちる くちなしの においだけ……
どこに おいでに なったのか……

思ったより
さびれているな
長いこと
つかっていないから
むりもないが……
だいじょうぶ
明るくなれば
ここも
それなりに
風情《ふぜい》があるよ
こわがり
なんだね
あなたは……
うすきみ
悪いところ
だなあ
おまけに
風もないと
きたぜ
こんな夜は
酒盛りでもして
景気をつける
にかぎる
……
あのかたは
こない……

きっと
あの女と
いっしょ
なのだ……
どのような
女なのか
……
髪は
しなやか
だろうか
……?
目は
淡く
澄んでいるの
だろうか……
唇は……
……
見えるような
気がした……?
ふ
おろかな……
ああ……
くちなしが
むせかえる
ようだ……
ジ……

……なた……
……あなた……
……あなた
くちなしの花のにおい……?

あかりが消えている……
右近……
あなた……
サラ
スー

だれだ……！
あ……なた……
わたくしという
者が
ありながら……
こんな
いやしい
女と……
……
おうらみに
存じます
……
ス……
いまのは……!?
わたしは
なにを……
見たのだ……？
はっ
……
夕顔！
夕顔の君！
しっかり
なさい！

……
消えた……!

だれか! だれか いないのか!
宿直《とのい》の者は どうしたのだ!
殿さま……
右近《うこん》女君《おんなぎみ》のようすが おかしい
行って あかりを 持ってくるように
わ…… わたくし おそろしゅう ございます
とても そんな
しようがない ご主人に ついていなさい
わたしが 行こう
だれも かれも 寝いって いたのか……
あかりを これへ!
ものなれぬ 場所で 警護が 眠っているとは なにごとか
だれか 紙燭《しそく》を つけよ
それから 魔除《まよ》けの 弦打《つるう》ちを せよ
申しわけ ございません きゅうに 眠気が さしまして
右近《うこん》!

お殿さま! こわくて こわくて…… 気が狂い そうに……
ご主人 さまも どんなにか
おちつきなさい おまえが とりみだして どうする
夕顔《ゆうがお》の君《きみ》……
しっかり なさい 夕顔……!
……夕顔……!
ご主人さま ……!
ご主人 さま……!
むり ですわ……
どうして そんな ことを……?

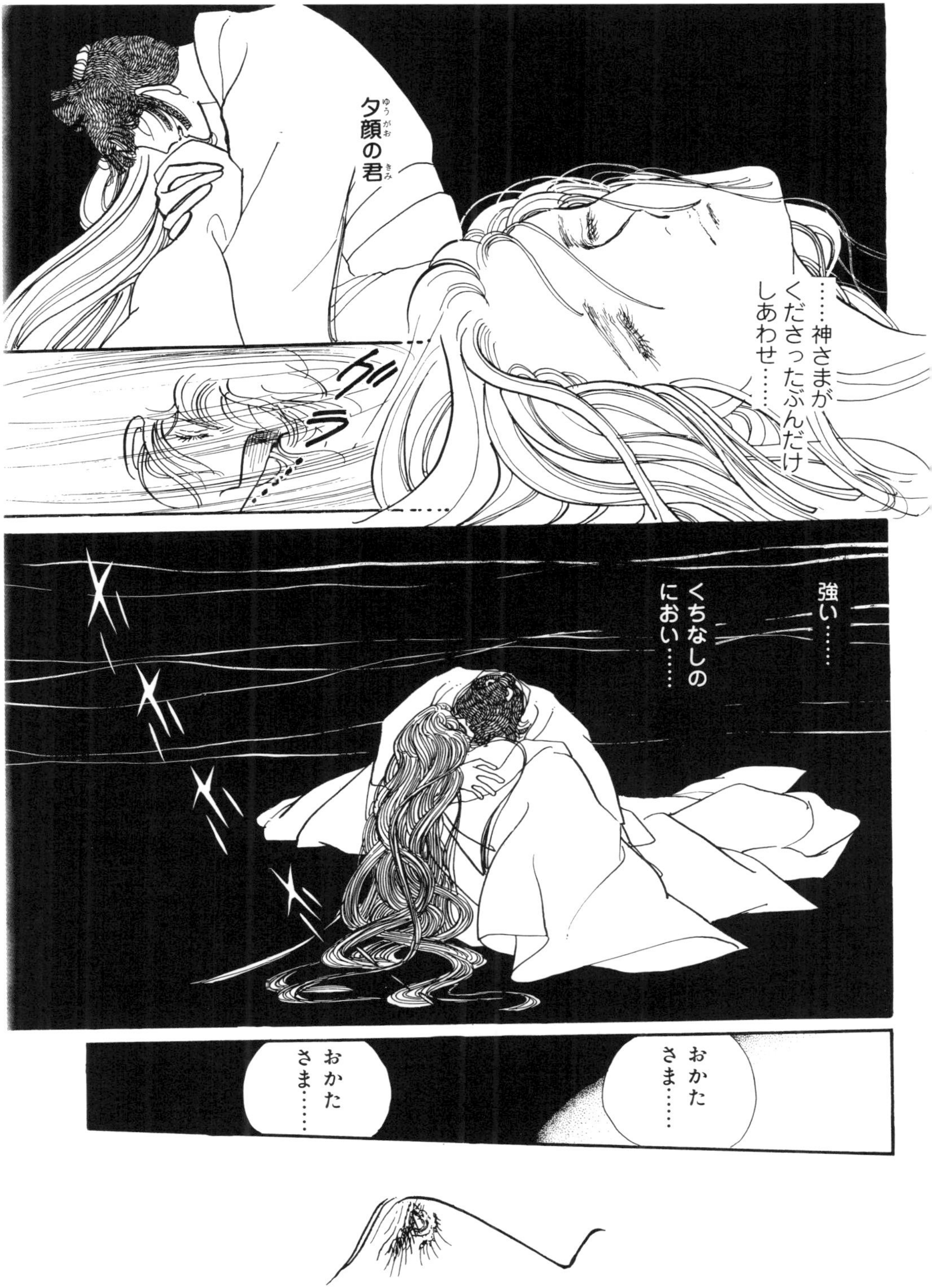
……神さまが
くださったぶんだけ
しあわせ……
夕顔《ゆうがお》の君《きみ》
グラ
強い……
くちなしのにおい……
おかたさま……
おかたさま……

……わたくしは眠っていたの？
はい……たいそううなされておいでで……
そう……
いやな夢を見たわ……
ザー
ザー
やれめでたや
お気がつかれましたか
かの屋敷に巣くう物《もの》の怪《け》のしわざだったにちがいありません
物《もの》の怪《け》におそわれてお命をおとさなかっただけでも……
あの女君《おんなぎみ》はお気の毒でしたが……
かわいそうなことを……
……わたくしがついていながら……なんということに……

そうではない
右近《うこん》……
わたしのせいだ
あんな
荒れた屋敷などに
つれていったのは
わたしだ……
たおやかな
弱々しい
かたでしたから
あのような
おいたわしいことに
なりましたのも……
名も告げぬまま
逝《い》ってしまった……
やさしい
人……
では……やはり
頭《とう》の中将《ちゅうじょう》の
ゆかりの
おかただったの
だね
はい……
お父君は
もと三位《さんみ》の中将《ちゅうじょう》で
いらして
お父君が
亡くなられてから
頭《とう》の君《きみ》がまだ
少将《しょうしょう》のおりに
のぞまれまして
……
おん年は十九に
おなりでした……
かわいい
姫君まで
おいでになるのに
この先……
では
わたしが姫を
ひきとろう
いえ……
源氏《げんじ》の君
そのお話は
しばらく……

こんなことが
世間のうわさに
なり
弘徽殿《こきでん》の
おかたさまの
お耳にでも
はいるような
ことに
なったら……
どんなことに
なりますか
……
このことは
時がたち
ましてから
かならず
わたしどもが……
いまは
お名をださぬ
ことが
いちばんです
一生……
つぐなえぬ
……
せっかく
めぐりあえた……
しあわせに
しようと思っていた……
心から
愛せる人を……

このような山深い寺に
高貴のかたをおむかえいたすとは
このところ身体《からだ》のようすがすぐれませんので名高い僧都《そうず》のご祈禱《きとう》をさずかりにまいりました
ご祈禱《きとう》もさりながらこの北山のきよらかな気候の中ですごされることが
なによりもお薬となりましょう
惟光《これみつ》……わたしがこの寺にきたのはね
気うつの病《やまい》のせいもあるけれど
……人目をさけて供養《くよう》するのもつらいが
源氏の君
なによりもあの不幸だった人をとむらいたくてね
このあいだたずねましたところ
じつは　その……夕顔《ゆうがお》のおかたさまの家なのですが……
だれもいなくなっていた……？
はい……

夕顔《ゆうがお》の君《きみ》
あなたにかわって姫君をしあわせにしたいと思っていたが……
まあまあ……
……
どうしたの？子どもたちとけんかでもなさったの？
…
雀《すずめ》の子を犬君《いぬき》がにがしてしまったの
伏《ふ》せ籠《ご》にいれてあったのに
……

其の四

The Tale of Genji

Yamato Waki

このあたりは
僧坊《そうぼう》と
きいていましたが……
いったい
どういう
女人《にょにん》たちで
ございましょう
まさか
徳の高い
僧都《そうず》が
このような
ところに
女人《にょにん》を置かれる
はずもないし
このような
山里で
おもいもかけぬ
愛らしい
少女を見るとは
年のころは
わからぬが
咲きそむる
山桜のような
……
しようのない
いたずら者が
不注意な
ことを
雀《すずめ》の子も
ようやくなついて
かわいらしく
なっておりました
のにねえ……

まあまあ いつまでも 赤ちゃんで こまった人ね
生きものを 閉じこめて 飼ったり するのは 罪なことだと いいきかせて あるのに
だって…… からすにでも 見つけられたら かわいそう……
こちらへ おすわり なさい
まあまあ おぐしも こんなに して……
いつも とかすのを いやがるけれど きれいな おぐしね……
これで あなたが もうすこし おとなで いらっしゃると おばあちゃまも 安心なのだけれど
男の子の するような 遊びばかり しているの でしょう
亡くなられた あなたの おかあさまは 十歳で 父君に 死に別れられた けれど……
そのころには もう ちゃんと なんでも わきまえて おいででしたよ

それなのに あなたは いつまでも がんぜないこと もしも きょうにでも おばあちゃまが はかなくなって しまったら いったい この先 どうなさるの かと……
おばあちゃまは 死ぬに 死ねない 気持ちですよ
ごめんなさい おばあちゃま そんなに お泣きに ならないで
……ねえ
おや…… きょうは いつになく 端近《はしぢか》にでて おいでなの ですね
これは 兄上
たったいま 聞いたのですが この上の お上人《しょうにん》さまの 庵室《あんしつ》に 源氏《げんじ》の中将《ちゅうじょう》の君《きみ》が おいでになって いるそうですよ
まあ…… 源氏《げんじ》の君《きみ》と いえば あの光《ひか》る君《きみ》と 名の高い？
まあ どうしましょう うっかりして 見苦しい ところを 見られたかも しれませんね

だれか御簾《みす》をおろしておくれ
おとものかたもおおぜいおいででしょうに
ごくごくおしのびということですからね
こんな山の中で世に高い光る君を拝見できるとは
世を捨てた法師ですら寿命がのびるここちですよ
どれわたしもごあいさつ申しあげてこちらへお招きすることにしましょう
それにしても愛らしい姫君《ひめぎみ》だったなあ
身分ある人の姫君でしょうになにやら事情のありそうな
……藤壺《ふじつぼ》の……
どうかしている……
あのかたに似ていると思うなど……

源氏の君 早く おもどりに なりませんと さきほどの 僧都《そうず》が……
おまえは 先にもどって 承《うけたまわ》って おいてくれ
「花の下に 帰らむことを 忘るるは 美景《びけい》に因《よ》って なり」
おひとりで だいじょうぶ ですか？
花に魅いられた という話も きくまいよ
お元気に なられたのは いいけれど なんの花に さそわれようと いうのやら
まったく もう……
空《むな》しく上陽《しょうよう》の春《はる》を 管領《かんれい》することなかれ
野草芳菲《やそうほうひ》たり 紅錦《こうきん》の地《ち》……
遊糸繚乱《ゆうしりょうらん》たり 碧羅《へきら》の天《てん》

パ
おそでの中にかくして！
……先刻の姫君……？
しいっ
姫さま！どこへおいきあそばしたの!?
姫さま！
しょうのない姫君だこと
乳母《めのと》の少納言《しょうなごん》の君《きみ》がご心配なさるのに……
あら
もしかしたら……よ
キャー
うっそぉ!!

藤壺《ふじつぼ》の宮《みや》……!
なんとあのかたに……
ああ……似ている……!
……
……
……待っておくれ
もうすこしここにいておくれ
もうすこし……

……おどろかせてしまったね
あなたがあまりわたしの知った人に似ていたものだから
わたし……急ぐんですもの
それに知らない人とおしゃべりしてはいけないっておばあちゃまにいわれているの
これは失礼をいたしました姫君
わたしはお上人《しょうにん》さまのご祈禱《きとう》をうけにまいった旅の者……
……じゃあおにいさまご病気なの?
おかわいそう……
もうよくなりました桜の精のようなかわいいお姫さまにお会いしたから
おばあちゃまもご病気でこのお山にきているの
早くおにいさまのようにお元気になるといいのに……
どこへいくの?
おばあちゃまが仏さまにおそなえするお花をつんでさしあげるの
仏さまにおねがいして早くお元気になられるように

じゃあ わたしが おともしましょう
だめ……
家柄のよい 姫君は 舎人《とねり》ひとりも つれずに 外出なされる ものでは ありませんよ
だれにも 秘密の 場所なん ですもの
……だれにも 知らさないって お約束する？
約束します 姫君
おつれ くださいますか？
じゃあ ついてきても いいわ
ありがとう ございます

花の園だ……
ねっ美しいでしょう?
だあれも知らないのよ
わたしだけのお花畑なのよ
やっぱり似ている……
こうしているとあのころがよみがえってくるようだ……
なにもかもが夢のように過ぎさっていった……
あのかたとすごした日々……

おとうさまのお直衣《のうし》よりずっと……
おにいさまのお直衣《のうし》……とってもいいにおい
おとうさまは姫君のところへよくおいでになるのか?
ううん
ここにいらっしゃるのはむずかしいのですって
おばあちゃまがおっしゃったの
おとうさまには奥さまもお子さまもおありになるから……って
そう……
……では本妻腹の姫ではないのか……
わたしが父親ならこんな愛らしい姫君を山の中に捨ててはおかないのに
いつも手元においていつくしみ育て……

愛だけを与えて……
やれやれ……とんでもないおてんばさんだ
だってきれいなんですもの
わたしがとろう
グラッ
おにいさま！

おにいさま！
だいじょうぶ？
……世に高い光る君……
あっはは…
頭《とう》の中将《ちゅうじょう》がこんなところを見たらなんというか
おにいさま！
ああ……小さな手
かぎりなくあたたかい明るいもの……

忘れていた
心を放ち……
かぎりなく
明るい世界へ
わたしを
みちびくもの
……
気をつけて
お帰り
だれにも
見つからない
ように
そうっとね
おさがし
しましたよ
源氏《げんじ》の君《きみ》!
やあ
惟光《これみつ》
どこへ
いらしたん
です!
もう……
心配で
心配で
花と
たわむれて
いたのだよ

またそんな
それより先ほどの僧都《そうず》からおまねきがございましたが
もちろんおことわりになって……あかつきにでも京《みやこ》におもどりを！
ぜひうかがいたいとおつたえしておくれ
え〜〜〜っ本気ですか
こんな山の上でこのうえまだしかつめらしいお説教を!?
まったくなにを考えておいでなのか
まさか……あの小さな姫君がめあてとは思えないが……
なかなかみごとなお庭ですね
いやいや目のお高い京のおかたにお目にかけるほどのものではございません
ぶしつけですがこのお屋敷はどなたがお住まいになっておられるのでしょうか
ただの庵室《あんしつ》とも見えませんが

……はは 見破られましたかな
しかし お若いかたに お話ししても かえって 興ざめで ございますよ
亡《な》き按察使《あぜち》の大納言《だいなごん》と申しても お若いあなたさまは ご存じのはずも ございませんが
その北《きた》の方《かた》が わたくしの妹でございまして
夫亡きあと出家して おりましたのが このごろ病みつきまして 山ごもりして おります
それが あの 尼君《あまぎみ》なのだな
その大納言《だいなごん》には …… たしか姫君が おありだったと 聞いたことが ありますが……
はい しかし その姫も 十年もまえに 亡くなって おります
兵部卿《ひょうぶきょう》の宮《みや》さまが お通いになって 娘までありましたが
宮さまの ご本妻さまが なかなかに やかましいかたで 気苦労が たたったので ございましょう
兵部卿《ひょうぶきょう》の宮《みや》の 姫君……だと いうのか……
兵部卿《ひょうぶきょう》の宮《みや》は 藤壺《ふじつぼ》の宮《みや》の お兄上に あたられる ……

……では あの姫君は 藤壺《ふじつぼ》の宮《みや》の めいにあたる……
孫娘もまだ いとけない 年ごろで
妹も 年老いた身で 姫の ゆくすえを 案じて いるのが あわれで
似ているも道理 やはり ゆかりある 人だったのだ……
神よ……！
家柄のよい姫が うしろだてもなく おちぶれていったり
心きいた 女房もなく 家財を 売りつない だり……
体面を 保つことが できずに 尼《あま》になる者も あり……
人の世の 常といえど 気にそまぬ 結婚をしいられ でもしてはと ……
悩みがつきませぬ
……僧都《そうず》 とうとつな 申し出と お思いになる かもしれま せんが……
どうか その姫君を わたくしに おまかせ くださいませんか

源氏《げんじ》の君《きみ》……
そのような……
わたしも幼いころに母と祖母に先立たれました
姫君のことがひとごととは思えないのです
けっして気まぐれではありません
お気持ちのほどはありがたいのですがなにしろ孫娘は　まだほんのいとけない童女《わらわ》
お話し相手もまんぞくにはつとまりますまい……
そのようなことはとてもとても……
……源氏《げんじ》の君《きみ》が?
ぜひにと申されておいでなのだよ
わたしとしても君《きみ》が　ただの気まぐれとは思えないので……
それにしても姫君のお年ごろをかんちがいなさっていらっしゃるのではないでしょうか
なんといっても姫君はあのとおりまだ……
まじめなお申し出とは思えませんけれど……
ぜひにとおっしゃるのなら姫が相応の年ごろになりましてから……
むりもない返事だ

やっとお立ちになるか……
やれやれ思いもかけぬ長居だった
源氏《げんじ》の君《きみ》!
頭《とう》の中将《ちゅうじょう》に弁《べん》の少将《しょうしょう》も……どうしたのだ?
父からあなたをおむかえにいくようにいわれたんです
京《みやこ》の花は去ったがここにはまだ花がある
笛もあれば酒もある
いましばしたのしみましょう

豊浦《とよら》の寺《てら》の西《にし》なるや榎《え》の葉井《はい》に
白玉《しらたま》しづくや ま白玉《しらたま》しづくや
おしとんど おしとんど
催馬楽《さいばら》「葛城《かずらき》」
ありがたや まことに この世の ものとも 思えぬ 音色
帝《みかど》が 手ばなされず 愛されるのも むりは ございませんな
まあ 頭《とう》の中将《ちゅうじょう》さま ごりっぱな こと
それにも まして 光《ひか》る君《きみ》の お美しさ
ごらん なさいませな 姫さま
もしかしたら お父宮《ちちみや》さまより ごりっぱな 殿方《とのがた》ですわ

あの おにいさま
お美しいだけじゃ なくって うんとおやさしい のよ
まあ…… どうして そのような ことを？
う…… ううん
だって あんなに きれいな お殿《との》さまだから
では あのかたの お子に おなり あそばすか
ええ いいわよ
まあ 姫さまったら
ホホホ
手《て》に摘《つ》みて いつしかも見《み》む むらさきの 根《ね》にかよひける 野辺《のべ》の若草《わかくさ》

北山へ祈禱《きとう》に いったと 聞いたが もう よいのかね?
はい…… ご心配を おかけ しました
やはり そなたが いないあいだは 管弦《かんげん》の遊びにも さえがなくて つまらなかった
花も光りなくば ……という ところかね
ちょうど よいおりだ
今宵《こよい》は 藤壺《ふじつぼ》で月を めでるとしよう
藤壺で!?
……それが 今宵《こよい》は 三条《さんじょう》の家に ……
病《やまい》のあいだ なにかと心配を かけております ので……
……そうか
奥方には やはり 顔を見せて 安心させて あげなさい
管弦《かんげん》は いつでも たのしめる ものだ
わたしは…… いつから すなおに ふるまえなく なったの だろう……

宮中で
すごしていれば
なにかの
おりに……
管弦《かんげん》や
詩歌《しいか》の催しに……
わずかにでも
あのかたの
お姿を
かいま見て
いたかった
……
そんな日は
……
一日じゅう
しあわせ
だった……
いまは
それさえも
苦しい……
打ち消しても
打ち消しても
自分自身が
おさえきれなく
なるのが
おそろしい……
藤の季節……
いつだった
ろうか
ここで
一晩あかそうと
した……
あれも
藤の季節
だったのだ

……どなた？
そこにいるのは命婦《みょうぶ》ですか？
……藤壺《ふじつぼ》の宮《みや》さま……
源氏《げんじ》の君《きみ》!?
お待ちください！
いまいちどお声を……
あなたは藤壺の宮さまなのですね
今宵《こよい》は左大臣さまのお屋敷においでになったとうかがっておりました

……
ああ……！
むかしの
ままだ……
むかしの
ままの
お声だ
このごろは
以前のように
藤壺での催しにも
おいでにならなくて
……
帝《みかど》もざんねんに
思っておいでですのよ
……
わたしの
ことを
……心配して
くださって
いるのですか
？
それは……
以前は
あんなに
むつまじくして
いただいたの
ですから……
わたくしは
源氏《げんじ》の君《きみ》の
……
母君《ははぎみ》の
かわりと
……
母上では
……
いらっしゃら
ない……
あなたは
……
わたしの
母など
では
ない！
源氏の君……！

源氏《げんじ》の君《きみ》!?
なりません……! ここにおはいりになるのは
……わたしは もう あのころの子どもではありません
わたしは もう あなたよりも背が高い 力も あなたより強い……
そして……
わたしは……愛している……!
あなたを……!

源氏の君……!
……どうして……
わたしは……
悔いてはいない……
なんということだ……!

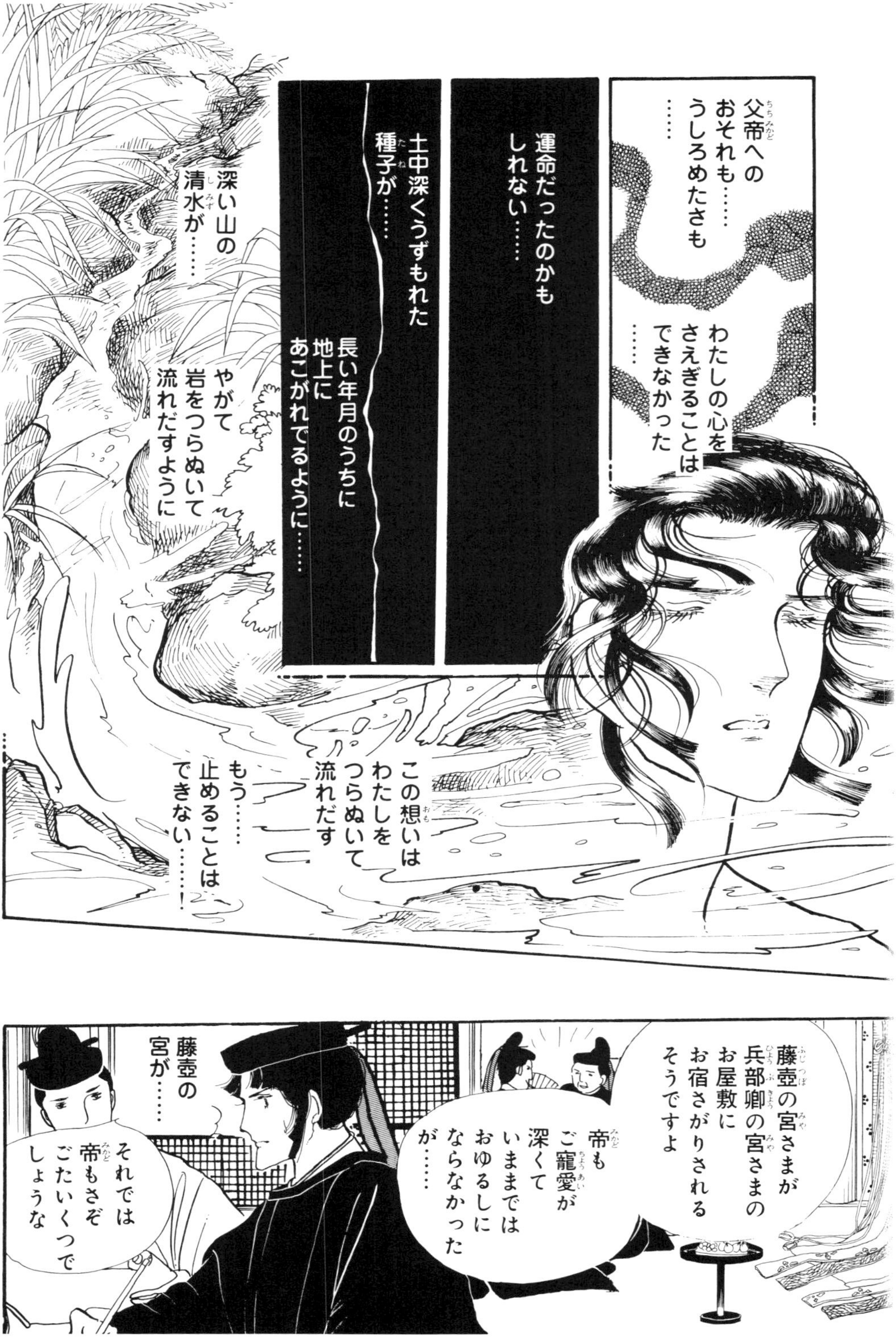
父帝《ちちみかど》への おそれも…… うしろめたさも ……
わたしの心を さえぎることは できなかった ……
運命だったのかも しれない……
土中深くうずもれた 種子《たね》が……
長い年月のうちに 地上に あこがれでるように……
深い山の 清水《しみず》が……
やがて 岩をつらぬいて 流れだすように
この想《おも》いは わたしを つらぬいて 流れだす
もう…… 止めることは できない……!
藤壺《ふじつぼ》の宮《みや》さまが 兵部卿《ひょうぶきょう》の宮《みや》さまの お屋敷に お宿さがりされる そうですよ
帝《みかど》も ご寵愛《ちょうあい》が 深くて いままでは おゆるしに ならなかった が……
藤壺の 宮が……
それでは 帝《みかど》もさぞ ごたいくつで しょうな

この恋が露見すれば……
わたしは破滅するだろう……
帝《みかど》の寵児《ちょうじ》……
一世の源氏としての地位も名誉も……
会おう……！
この機会を逃《のが》しては二度と会えまい……
父上……おゆるしください……！
父の……帝《みかど》の妃《きさき》を恋うることは死にあたる罪……
もしも人を恋うることが罪ならば……
わたしは罪人《つみびと》になろう

源氏《げんじ》の君《きみ》！どこへ!?
はいっ！
おそれはしない……
そのために世を追われ命を落とそうと……
ただいちどあの人に会えたなら……
源氏の君！なりません！
お待ちください！

そこをどいてくれ！
なりません！
……命婦《みょうぶ》
おまえはわたしの子どものころからの気持ちを知っているはずだ
なりません……！どんなおとがめをこうむるか
……とがめられはしない
罪は……わたしひとりのものだ……
……あ
おゆるしを……おゆるしを……
ガタッ
源氏《げんじ》の君《きみ》……！

なぜ……
なぜ……このような……ああ……おそろしいことを……
……命をかけてきたのです……
……父上を愛しておられるのか
……わたくしは帝《みかど》の妃《きさき》です……
おしたいして……います
では……愛してはおられないのですね
光《ひか》る君《きみ》！

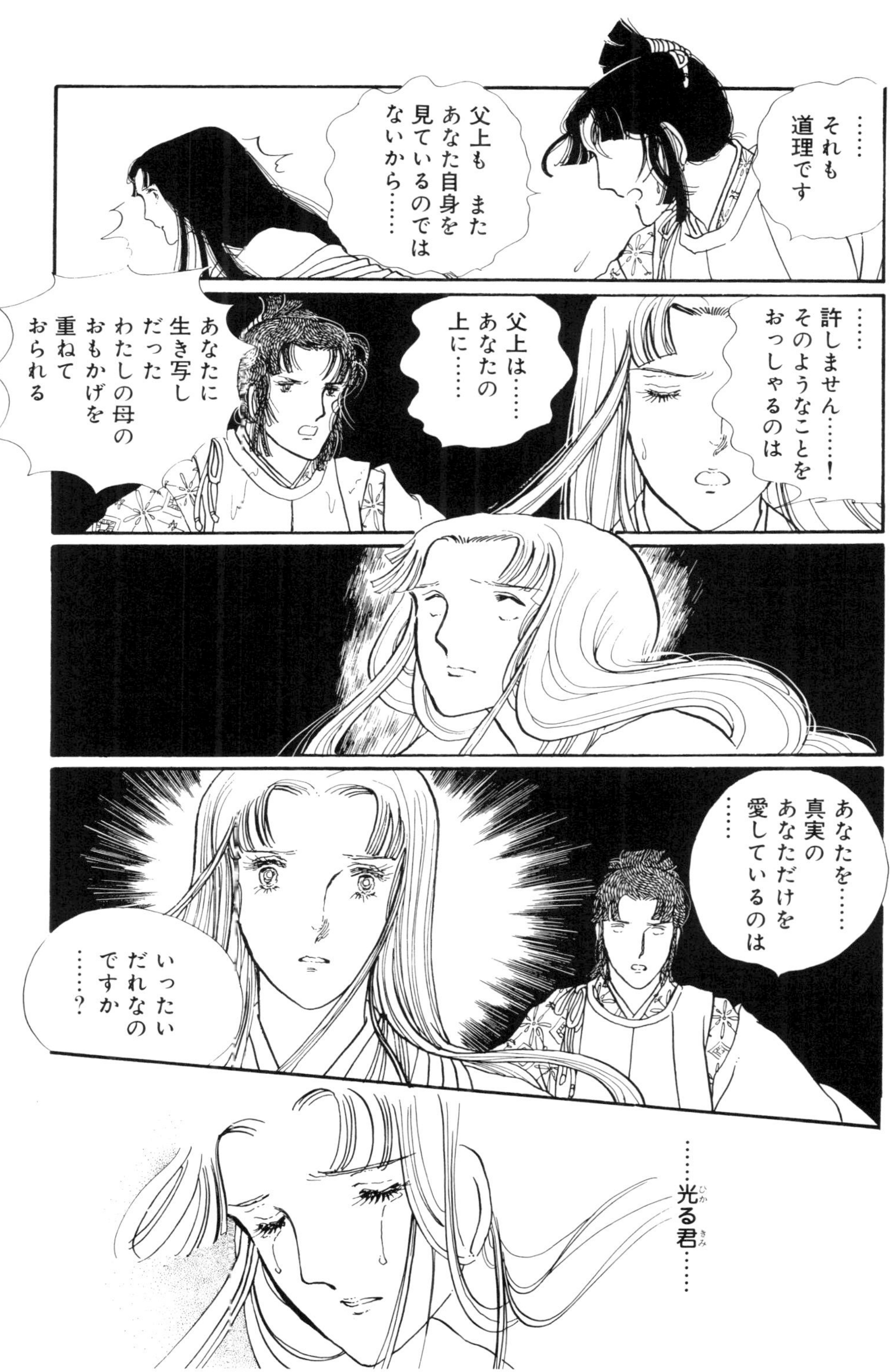
……それも道理です
父上も　またあなた自身を見ているのではないから……
……許しません……！そのようなことをおっしゃるのは
父上は……あなたの上に……
あなたに生き写しだっただわたしの母のおもかげを重ねておられる
あなたを……真実のあなただけを愛しているのは……
いったいだれなのですか……？
……光《ひか》る君《きみ》……

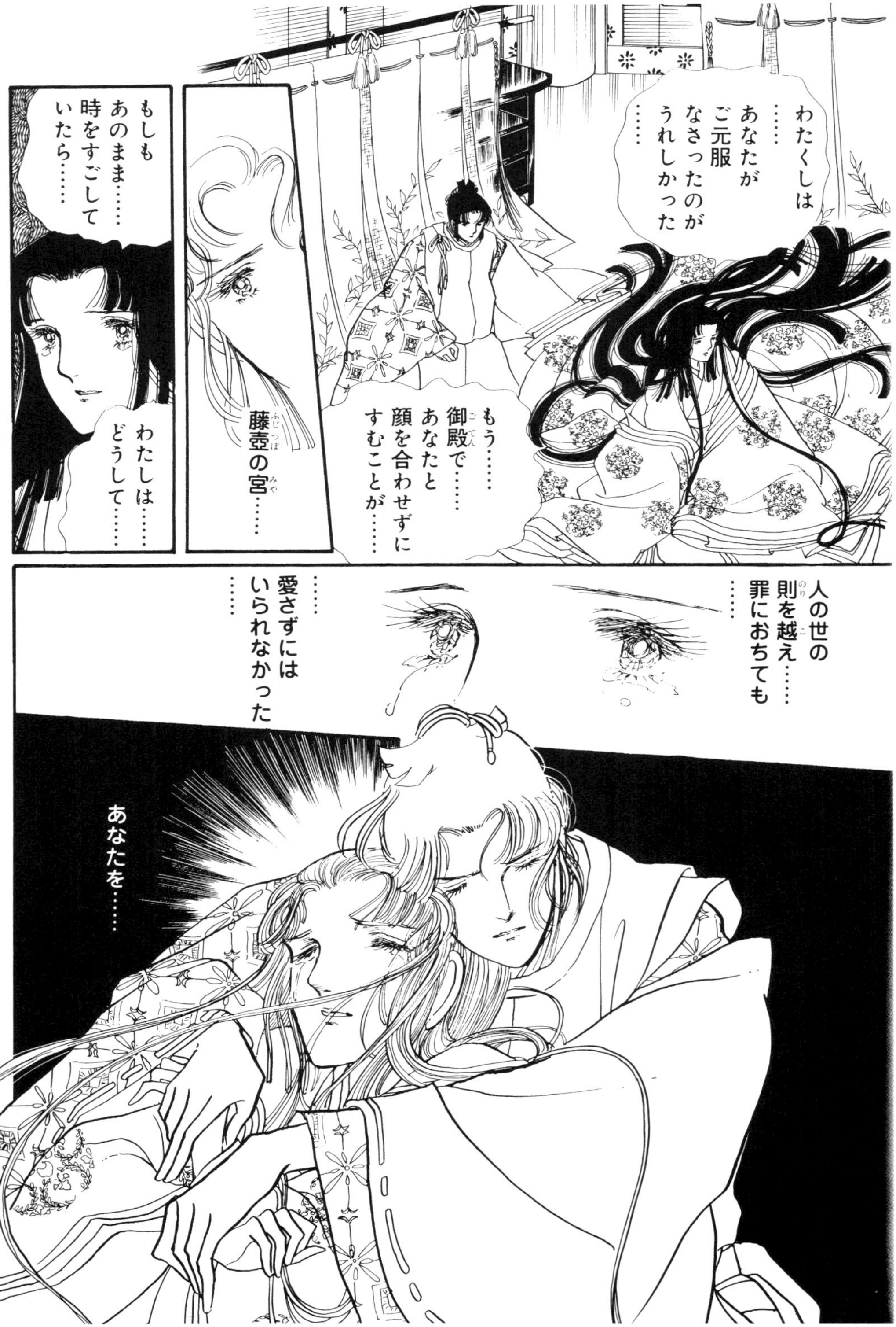
わたくしは……あなたがご元服なさったのがうれしかった……
もう……御殿《ごてん》で……あなたと顔を合わせずにすむことが……
藤壺《ふじつぼ》の宮《みや》……
もしもあのまま……時をすごしていたら……
わたしは……どうして……
人の世の則《のり》を越え……罪におちても……
愛さずにはいられなかった……
あなたを……

夢のようだ……
こうしてあなたを手の中に抱いていながら……
まだあなたはいつ消えるかわからない夢のようだ……
夢となって消えるのなら……
いっそ目ざめることなくこのまま夢の中へはいってしまいたい……
わたしひとりをこのつらい現し世《うつよ》にのこしなさるか？
……二度とお目にかかりません

……いやだ！
だれにもわかりはしないのに……
だれに知られなくとも……
わたくし自身が知っているのですから……
光《ひか》る君《きみ》……
生きている一生のあいだ……わたしたちの罪は消えません……！
あなたに罪はない……
悪いのはわたしだけだ……わたしひとり地獄におちてゆけばいい
……いいえわたくしもともにまいります
藤壺《ふじつぼ》の宮《みや》……！

夜よ 明けるな 夢よ さめるな
二度とは こぬ
恋人の 夜よ……
二度と…… おいで くださいますな……
お文《ふみ》も なりませぬ…… どうか わたくしのことは お忘れください

わかっていたことなのだ……
ふみだしてしまえば……
いっそう苦しくなるだけの恋なのだと……
このところとんとどこにもお出かけがないのう
おからだのぐあいでも悪いのだろうか
源氏《げんじ》の君《きみ》……
惟光《これみつ》か……
はい……あのいつぞやの尼君《あまぎみ》のことを耳にしまして
ああ……あの北山の……
京《みやこ》にもどられていちどたずねたがたいそう弱っておいでだった……
それが……とうとう……
亡くなられたのか……お気の毒に
……ではあの姫君は
おばあちゃま!
おばあちゃま……
たった一人の親代わりをなくされて……

按察使《あぜち》の大納言《だいなごん》さまの古いお住まいで……人もすくなく心細げに暮らしておられるそうですよ
お気の毒に……たよる人もなくあの小さな姫君が……
……いってみよう
はい!
まあ……これは源氏の君さま……
姫君はどうしておいでか気になってね
……むりもないことですけれど毎日 尼君《あまぎみ》をしたって泣きくらしておいでで……
お食事もろくにめしあがらないほどですの
ほんとうにおかわいそうで……
父宮《ちちみや》の兵部卿《ひょうぶきょう》の宮《みや》は?
お父宮さまはご自分のお屋敷にひきとろうと考えておいでですわ
でも……母君《ははぎみ》がつらい思いをなさった北の方さまに姫君をおあずけするのは……

あちらさまにも同じ年ごろのお子さまがおありになることですし……
ひきとられても北の方さまのお子たちのあいだであなどられてお育ちになるのもおいたわしいことですわ……
亡き尼君《あまぎみ》もそのために姫君をお手もとでお育てになったのですもの
わたくしどもも考えあぐねております
少納言《しょうなごん》……お直衣《のうし》をきたかたがお見えですって？
おとうさまなの？
……あ
お忘れですか？わたしですよ
おにいさまだわ……
北山の……

……小さいのに つらい目に あわれたの だね
……おいで
姫さま…… まあ お直衣《のうし》が ……
よい ……
すこし やせて しまったね
お食事も あがらずに …… 乳母《めのと》に心配を かけては いけないよ
おばあちゃまの おともを するの
姫……
おとうさまは ほんとは わたしがいて 困って いるの
だから わたし おばあちゃまの ところへ いくの

おばあちゃまのとこへいくんだ！
おばあちゃまあ……
若宮《わかみや》さま……
若宮さま……
わたしもね……あなたと同じようにおかあさまとおばあさまを亡くしたんだよ
……おにいさまも……？
おにいさまもおとうさまのところにいったの？
父上はかわいがってくださったけれどいつもおそばにはいられなくて
いつもどこかしらさびしくて……
でも……
あのかたがいらした……
五歳年上の美しい少女だった……

姫君……いつもすなおに自分から心をひらけば……
いつかきっとあなたを心からいつくしむ人があらわれる
……きっと?
だからお食事もちゃんとめしあがって早くお元気にならなくてはね
愛することも愛されることも
まあ……姫君が……
はじめてお笑いになったわ
その人から知った……
源氏《げんじ》の君《きみ》……
ふしぎなおかた……

ピカッ
まあ……ひどい嵐《あらし》……!
ゴロゴロゴロゴロ……
まあおそろしい風……
これではお車もだせませんわ……
ゴロゴロゴロ
よし御格子《みこうし》をおろしなさい
今夜はわたしが宿直《とのい》をつとめよう
まあ源氏の君! そんなことがお父宮に知れましては……

こんな
いとけない人を
ほうりだして
帰れというの
かね
今夜は
わたしが
ついている
からね
安心して
おやすみ
なさい
ともの者に
警備を
させなさい
几帳《きちょう》をよせて
みんなそばに
おつきするように
きょうの
ような日に
殿方《とのがた》がいて
くだすって
よかったこと
ほんとに
……
これで
姫さまが
源氏の君と
お似合いの
お年ごろなら
……
ねえ
……
乳母の
いうとおり
この姫君が
兵部卿《ひょうぶきょう》の宮《みや》の
もとで
しあわせに
なるとは
思えぬ……
いっそ
このまま
わが家に
つれて
帰ろうか
……

それもなるまい……
親元のはっきりしている姫君を……
嵐もやんだ
夜の明けぬまえに失礼しよう
お帰りになってしまうのおにいさま
姫……!
では……わたしといっしょにいきますか?
源氏の君……!
決めた!

この姫君はきょうからわたしがおせわしよう
源氏の君!
そんな……! 源氏の君!
乳母《めのと》はついてまいれ!
惟光《これみつ》 姫君を二条の家におつれするぞ 車を!
はっ はい!
こんなことなさって源氏の君
お父宮になんといいわけを……
さあ ついた
ここがわたしの家 二《に》条《じょう》院《いん》ですよ

まあ……すばらしい御殿《ごてん》……
きょうからあなたはこの二条院《にじょういん》の西の対《たい》のあるじになったのだよ
小さな姫君……
藤壺の御方《おんかた》のゆかりの姫……
……あなたをなんとよぼうか
紫《むらさき》の君《きみ》
これからはあなたをそうよぼう

其の五

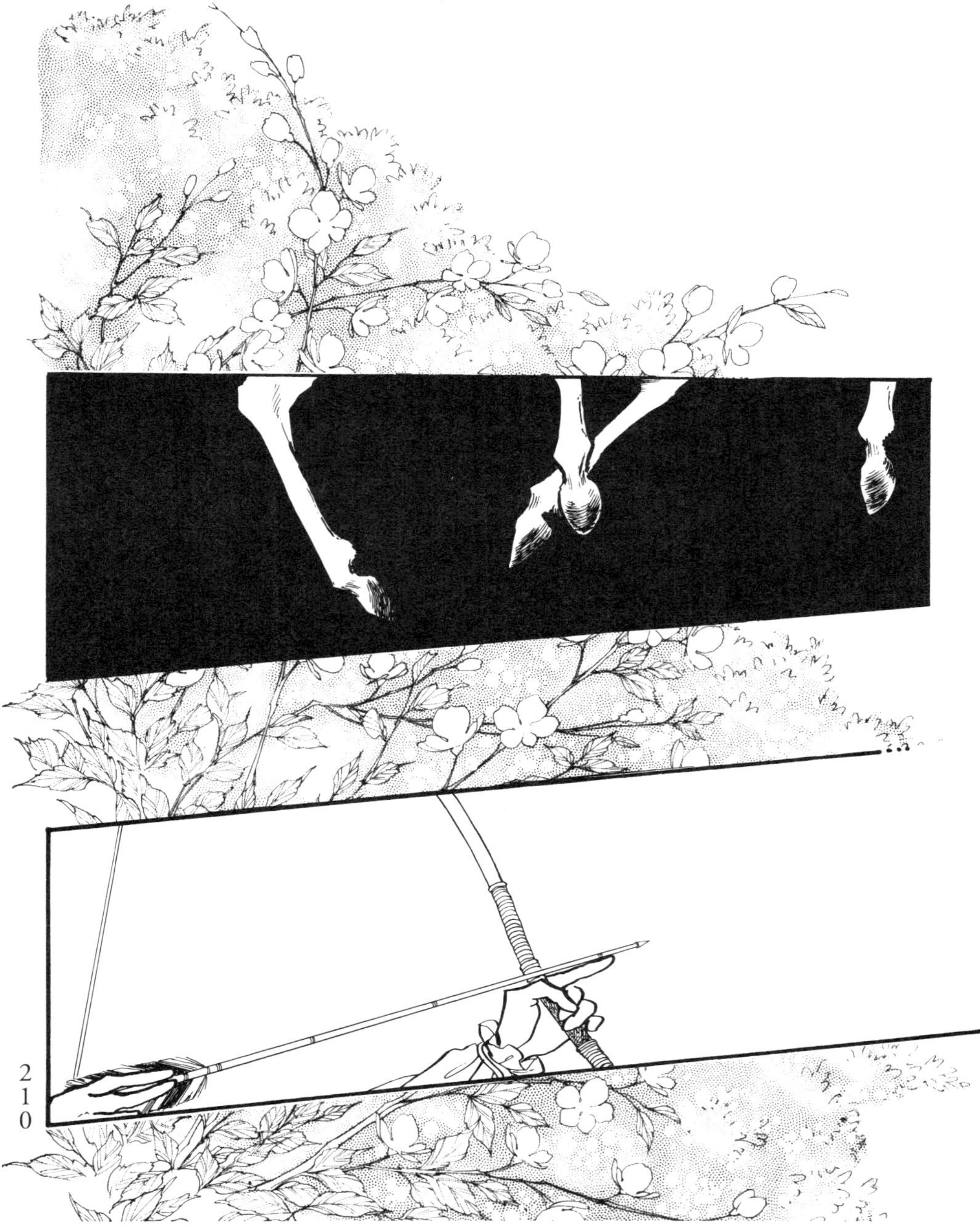

ターーン
おみごと
おみごと
やんや
やんや
おぉ〜っ
もうすこしで
自慢の鼻を
へしおって
やれたのに
楽人《がくにん》どもの
調子はずれ
なのに
引きずられて
しまったよ
ひどいなぁ
せっかく
応援して
やったのに

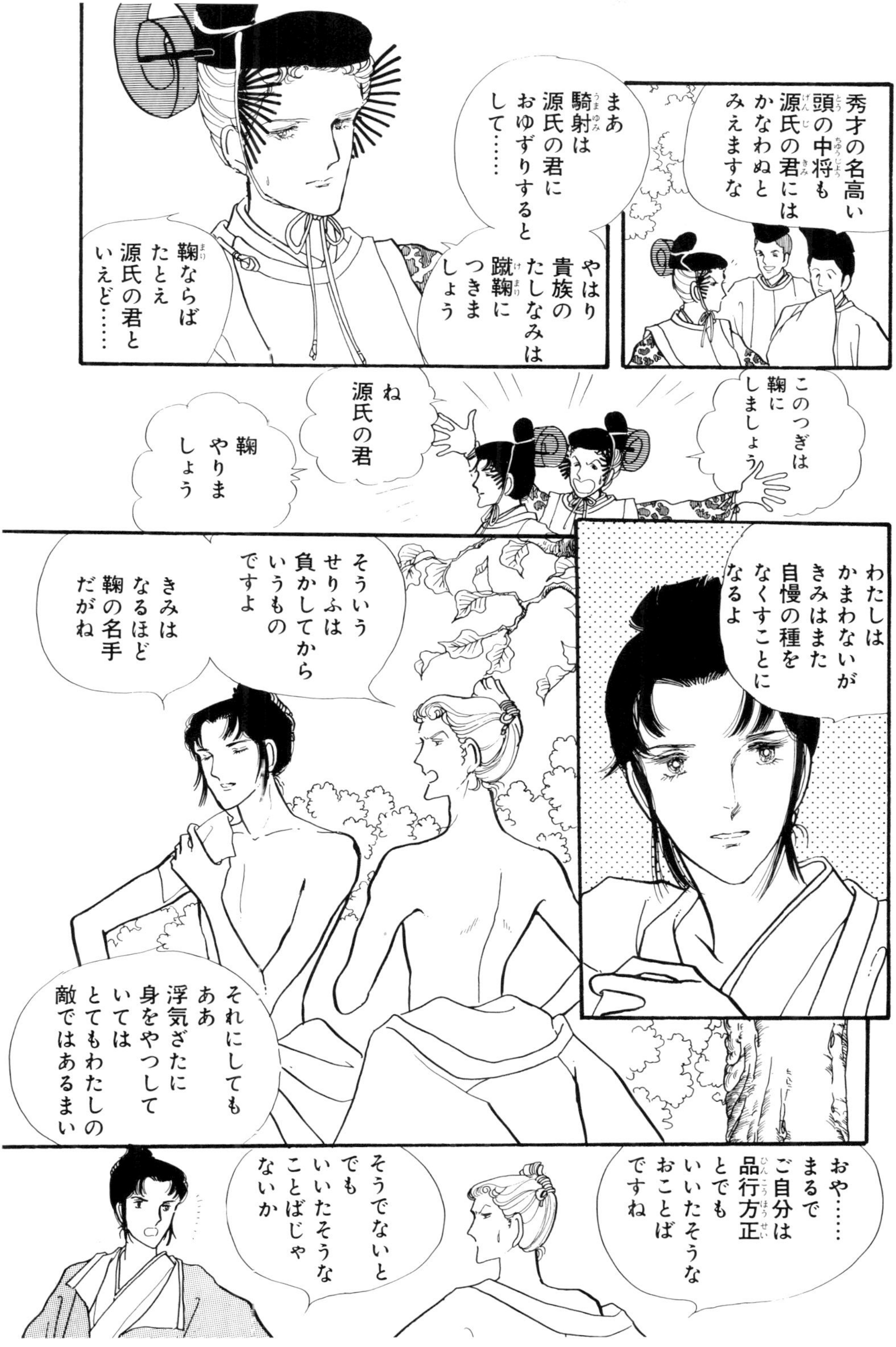

秀才の名高い頭《とう》の中将《ちゅうじょう》も源氏《げんじ》の君《きみ》にはかなわぬとみえますな
まあ騎射《うまゆみ》は源氏の君におゆずりするとして……
やはり貴族のたしなみは蹴鞠《けまり》につきましょう
鞠《まり》ならばたとえ源氏の君といえど……
このつぎは鞠にしましょう
ね源氏の君
鞠やりましょう
わたしはかまわないがきみはまた自慢の種をなくすことになるよ
そういうせりふは負かしてからいうものですよ
きみはなるほど鞠の名手だがね
それにしてもああ浮気ざたに身をやつしていてはとてもわたしの敵ではあるまい
おや……まるでご自分は品行方正《ひんこうほうせい》とでもいいたそうなおことばですね
そうでないとでもいいたそうなことばじゃないか

わたしは だれかさんのように 秘密主義じゃ ないのでね
恋だって 隠さない だけですよ
わたしは あながちな 恋はしない 主義なんだ
だれかさん とは ちがってね
……かっわ いくない……
い…いいんですか？ 中将殿《ちゅうじょうどの》
なにが？
源氏《げんじ》の君《きみ》は 臣下《しんか》に くだった とはいっても 帝《みかど》の皇子《みこ》
しかも 帝《みかど》のご寵愛《ちょうあい》も ことさらで ご兄弟の皇子《みこ》たち さえも 遠慮がちに おつきあいされて いるものを
それを あんな 口きいて
その源氏の君に 五分に 張り合える者が
わたしのほかに いるとでも いうのかね？
強気だ なあ……
なるほど 学問も遊びも 確かに五分五分の 秀才どうし
頭《とう》の君《きみ》の 父君は左大臣《さだいじん》で 母君は帝《みかど》の妹の 内親王《ないしんのう》…… 血筋から いっても 張り合えるか

それにしても気にいらん……
ぶつ ぶつ…
ことあるごとひとを淫乱男《いんらんおとこ》よばわりして
自分こそ浮気のひとつやふたつしていないなんてことがあるものか……
そうともあの男にかぎって……
いまにシッポをつかんであげますとも……
まあ見ていらっしゃい源氏の君
弓場殿《ゆばどの》においでしたの?
残念!
わたくしもこっそり垣間見《かいまみ》にいけばよかった
女なんてつまりませんわ屋根の下から出られないんですもの
それならばきみも母君について筑前《ちくぜん》へいけばよかったものを
あそこなら宮中のように堅苦しいことはあるまいよ

あら！まっぴらですわそんなこと
御所《ごしょ》にいてこそ殿上人《てんじょうびと》たちとのよしあるやりとりや恋のかけ引きも楽しめようというものですのに……
いなかへひっこんであわれもわきまえぬイモ男の受領《ずりょう》なんぞと結婚させられたりしたらたまりませんわ
なるほどね大輔《たゆう》の命婦《みょうぶ》
才気豊かな宮仕えの花だもの
人生を楽しまぬほうはないってわけ？
まあね……
これでも別れを惜しんでくれる公達《きんだち》も何人かはおりますのよ
ねえ命婦《みょうぶ》いつか……
まあいけませんわ源氏の君昼間から……
話してくれた人生を楽しんでおられぬというあわれな姫君の話だが……
ああ……わたくしが宿下《やどさ》がりのおりにうかがっております常陸《ひたち》の宮《みや》さまの姫君のことですか
そうそうどうも気になってね

先年亡くなられた親王《しんのう》さまの忘れがたみの姫君がよるべもなく心細くお住まいだと聞いたが……
はい……
気のきいた側仕《そばづか》えもおりませずわたくしがうかがったおりにお世話などしております
お気の毒なことだな……
はい……まことに……
……で……美人か？
……え？
……まったく油断もすきもないんだから当世の若い子ってのは
さ〜〜〜
わたくしもあまりはっきりとは……
たいへん内気な姫君でうちに引きこもってどなたにもお会いになりませんし……
わたくしにしてもたまに御几帳《みきちょう》ごしにお話しするくらいですのよ
それは近ごろまれなおとなしいひかえめなご性格なのだろう
ただ　ただお琴をお相手にすごしていらっしゃるようですわ
きっとたしなみの深い姫君にちがいない

……まあ ものは いいよう……
……ま そういった おかたで ございます わね
容姿のほどは さほどでなく とも そんな おっとりした 愛らしい人を 恋人にできたら いいだろうな
でも 姫君は たしか みごとな 黒髪を おもちで……
……ほう
お身丈《みたけ》よりも なお一尺あまり それは滝のように 流れるばかり
たしか 故親王《しんのう》さまは 音楽に 深いたしなみが おありだった
それならば その姫君も さぞ 琴の名手に 違いない
どうだろ 命婦《みょうぶ》
おまえが 手引きして その琴を 一度 聞かせては もらえない だろうか

しかし顔も見たことない姫君にあの情熱……
若いの〜
まったく頭がさがりますワ
でもまあ悪い話じゃないわね
あのお屋敷にしてもいずれ姫君《ひめぎみ》の男君《おとこぎみ》に
だれか財力のあるおむこさまをとらなければ荒れ果てるいっぽうだし……
それに源氏の君って乳兄弟《ちきょうだい》のあいだがら幼なじみでよく知ってるけど
ああみえても性格いいのよね
条件は最高だし……
これは女房《にょうぼう》としての腕の見せどころかも……
ふむ
ここが常陸《ひたち》の宮《みや》のおすまいか

えらく荒れ果ててますね〜〜〜
常陸《ひたち》の宮《みや》さまは親王《しんのう》さま…といってもしかるべき官位にもついておられませんでしたからかなり手元は苦しかったのでしょうね
…ありし日は父宮《ちちみや》がだいじにお育てした姫であろうに
人にも会わずに思いに沈んでおられるのもむりはない……
とにかくここにおいでください
いま姫君にお琴をお願いにまいりますから
あいにく琴の音がさえるという天気じゃないけど
…なんともそまつな部屋ですね
…まこじつけるとしようかしら
あの家を思い出すな……
町の小路の……

衣《きぬ》をうつ砧《きぬた》の音……
物売りの声……
夜更《ふ》ければ空ゆく鳥の声……虫の音……
しあわせですもの……
神さまのくださったぶんだけ……
……ふいに……
絶頂でつみとられた恋……
もしもあの人がいれば……
わたしもこうしてさまよわずにいられたかもしれない……
まるで愛に飢えてでもいるように……
だれか……わたしを受けとめてくれる人……
この胸に開いた闇《やみ》に
光をともしてくれる人……

こんどこそ……
その人でありますように……
まあ美しい月でございますこと
ごらんなさいませ姫君
……
このような夜には琴の音もいっそうさえると思いましてさんじましたの
虫のふりゆく声も秋ぞまされりと申しますから……
……ほんとうに……まんまるだこと
は？
まん……
……月が……
あ……さようで……
？
いえ……日ごろはとりまぎれてゆっくり聞かせていただくこともできないのが残念で……
……
あの……姫さま？
……え？

あの……姫さまのお琴を一曲ぜひお願いしたいと……
……あ
琴のことだったの……
……あまりうまくないのだけど……
?
……どうもおっとりというよりはすこし鈍《どん》みたいだなあこの姫君
聞こえてまいりましたね
うむ……
すこし古風な弾きかたただな
……けんそんじゃなかった……
ほんとにあまりうまくない……
うわ!
……とちった!
あ〜〜〜ら姫さま!あいにくと空が曇ってまいりましたわ
雨になるかもしれませんわね
御格子《みこうし》をお降《お》ろししましょうね
バタン
バタン

いかがでございました？
あれじゃうまいのかへたなのか聞きわける間もないよ
あら！それがいいんじゃありませんか
え？
いえなんでも……
オホホホホ‥
同じことならもうすこしそばで聞かせてもらいたいな
まあとんでもないそれは内気で痛々しいほどのおかたですのに
とてもそんなことまでは！おいたわしくって……
これ以上聞かせたらへたなのがバレる
そういわれるとますます興味がわくね
ではそれとなくわたしのことを姫君にお伝えしておいておくれ
はいはい
なんだ？

いえ……主上《おかみ》がこんなところをごらんになったらなんとおっしゃるかと　思いまして
主上《おかみ》は源氏の君がまじめすぎて困るなんておっしゃるんですもの
おや人のことなどいえた義理かね
このくらいのことで浮気などというのならきみのことなんかはどういえばいいんだ?
ま……!
あまり憎まれ口をきくと二度と手引きいたしませんよ
わかったわかった
ただきみが人気者だといいたかっただけなんだ
お車を回しておきました
なんだろうあの男……
ここの姫君を目あてにきた男かな?

とにかく顔を見られないうちに退散しよう
どうもあやしげな男だ……
ふっふっふ…
みごとお送り申しあげましたぞ
源氏《げんじ》の君《きみ》
ばー
頭《とう》の中将《ちゅうじょう》!
……あきれた男だなきみは
御所《ごしょ》からつけてきたのか?
ま〜〜〜変装までして
このわたしの目をごまかして雲隠れしようとなさってもそうはいきませんよ
忍び歩きの先をいちいち知らせて歩くものか
どうかしてるんじゃないのか
忍び歩きのおりだからこそですよ

こういうときこそ
わたしのような
経験豊かな者を
おつれになるのが
よろしいいんですよ
忍び歩きには
思わぬことが
おきるもの
ですからね
まったく
思わぬ
尾行まで
ついてきた
ことだ
……
いつまで
ついてくる
つもりかね
いえ……
こうして
つきそって
いたら
どうなさる
かと……
まったく
きみって
やつは……
ハハハ
アッハハハ
行く先も
あったが
きょうは
やめた
今宵《こよい》は
ともに
飲むことに
しよう

……上《うえ》 源氏の君が おいでになって いらっしゃる そうですよ
知って います 笛が 聞こえて いますから
兄上と ごいっしょ なのでしょう
そなた わたくしの かわりに ごあいさつを しておいて おくれ
おいでに なりませぬ のか？
頭が痛むので 休んでいるからと お伝えしておくれ
ご用が あれば あのかたから おいでになる でしょうから
……はあ
先ほどの お屋敷は たしか 常陸《ひたち》の宮《みや》の……
宮には たしか 忘れがたみの 姫がおいでに なりましたね
年の ころは 十八、九……

お気の毒なことですなこのご時世でうしろだてもなく……あんな荒れた家で
わたしもそう思っていたところだ
宮家の血筋の姫……
うわさではたいそうな美女とか……
しかもめんどうな親もいない……
男として……
こたえられん話だ……
できることなら親身《しんみ》になって世話をしてあげられたら
ひたすら頼ってくるかれんな美女……
なんどすて？なんど
どすて？なんどん
いや……まあもののたとえだがね
そうそう
わたしもふとそんな気がしただけで……

……夜も更《ふ》けて まいりましたな
では これにて ……
わたしも 酒を 過ごした ようだ
中将《ちゅうじょう》め……
いやな 感じがするな……
さっそく 文《ふみ》など つかわしてみよう
まだ 源氏の君の ものとは 決まっていない ようだから……
……う……
うそみたい
頭《とう》の中将《ちゅうじょう》さまと 源氏《げんじ》の君《きみ》から 姫へのお文《ふみ》……
ぶっ ぶっ……
このわたしでさえ あんな大物 一度に二人も 相手にしたこと ないってのに
どうなってんの かしらね〜〜〜 まったく
……でもま これは よい傾向ですよ
どっちに ころんでもいいから せいぜい 二人のあいだに つりあげて おこう……

クシュン
朝晩めっきりひえこむこと
すいません 火おけを 貸して いただけ ません
いえ……あの それが このところ 炭の買い置きが ございませんのよ
あら そんなに ケチケチする こと ないのに
でも いまから 使っていては 冬になってから ……
炭でもお米でも ジャンジャン 使っちゃってて いいのよ
いまに ここの お姫さまには たいへんな 殿さまが つくんだから
ほんと ですか?
へ〜〜〜え うちの お姫さまに ねえ……
パーッと いきましょ パーッと
とりあえず お返事だけでも 姫さま
ねっ そうなさい ませ
お返事って どうすれば よいの?

気のきいた和歌でも書きつけてさしあげればいいんですよ
和歌……
……
……いかがでございますか？姫……
……頭が痛んできた……
やあ……いつのまにか風も秋の気配だね
やれやれきょうは宣下《せんげ》することが多くてたいへんでしたたね
花も咲く紅葉《もみじ》ももみず……いい季節ですね

ところで……
例の姫その後の首尾《しゅび》はいかが？
あれからいくたびか文《ふみ》を出したのにさっぱり……
そちらのほうはどうです？
やっぱり抜けがけするつもりだったのか……
さあわたしのほうは忘れるともなく忘れていたが……
ふふんうそばっかり
まあ古風ではずかしがりやという話ですが
すこしもったいぶってるんじゃないですかね
だいたいこのわたしが一度声をかけただけでもなびかぬ女はいないんですよ
おかしいな
宮家の血を鼻にかけてこちらをばかにしているのかもしれん……
よしこうなったら思いきって凝《こ》った文《ふみ》を……
あぶないあぶないあのくどきじょうずの中将《ちゅうじょう》なんぞにいい寄られたら……
これは早いところ手をうっておかねば

命婦《みょうぶ》！
命婦はいないか？
あら
いったいあの姫君はどういうおかたなのだ？
いくら文《ふみ》をさしあげてもだんまりではなんだかこちらが笑われているような気がするよ
まあ源氏《げんじ》の君《きみ》
姫君はうれしさのあまりお返事をさしあげることもできぬほどですのに
でもなんとか手引きをいたしますわ
……まこのへんがしおどきかもね……
頼むよ命婦《みょうぶ》
これで中将《ちゅうじょう》を出し抜いてやれる……
こちらでお待ちくださいませ
姫君はすぐにおいでになります
キャ
源氏の君よ
ほんものよ〜〜

ちょっと あなたがた いいかげんに のぞくの やめて
姫君の おしたくを 急いでね
いつもより 念入りにね
空薫物《そらだきもの》は これを使って
あ〜〜〜 いそがしっ
ご用意は よろしい ですね 姫君
……で……
……でも 命婦 わたくし……
と…… 殿方などと お話しした こともないし ……
知らないおかたと どのように お会いしたらよいのか
はずかしく て……
まあ そんな はずかしがりも いいかげんに なさらないと
きょうのところは 障子《しょうじ》ごしに ふたこと みこと おかわしになる だけですし
わたくしも おつきして いますし……
……でも……
うじうじ!!!
カッ……! だらしのない
よろしい ですか 姫君!
源氏の君と いえば 都じゅうの 姫君の あこがれのまと なんですのよ
そのかたが 姫君に 恋いこがれて いらしたん ですよ
これは 女人《にょにん》としての たいへんな 名誉ですのよ
…… ここまでの ところ おわかり ですわね??
……え…… ええ……

これをおことわりする女人《にょにん》はバカですバカ！
おりこうな姫君はけっしておことわりしてはなりません
……は……はあ……
わかりましたね
……はい……
よ〜〜〜しよし……がんばってちょうだい姫君
しっしっ
姫の肩には侍女《じじょ》 下僕《げぼく》の食費 衣料費火おけがかかってるんですからねっ
この半年のあいだただ あなたのお声を聞きたいがために生きてまいりました
ようやくお目にかかることができましたね
……物ないいそといわぬたのみに……
……
……？……
こういうときは返歌してくるのがふつうなんだが……

わたしはごしょうちのようになぐさめ合う人もない身です
あなたのようなかたとせめてしばし語り合えたらと思いながらこうしてやってきたのですよ
いかがでしょうせめて声なりと……
……?
……もしそこにおいでなのでしょうね?
……
どうもいつもと勝手が違うな
せっかくこうして半年のあいだ待っていた身を
……なんとかいえ!
それほどきらわれるならせめてあなたの口からおっしゃってください
あーでもうーでもなんでもいいから!
きらいだとおっしゃらぬならば……
好いてくださっているのだと思いますよ

…あれ……!
……わ!
……なんてせっかちな……
そ……そんなはずじゃなかったのにもう……
しょうがないいんだから
知らん~~~
姫君……
背の高い人なのだな
……いやそうでもないか……?
そんなにこわがらないでくださいいう乱暴しようというのではないのです
あなたにこがれてのことなのです

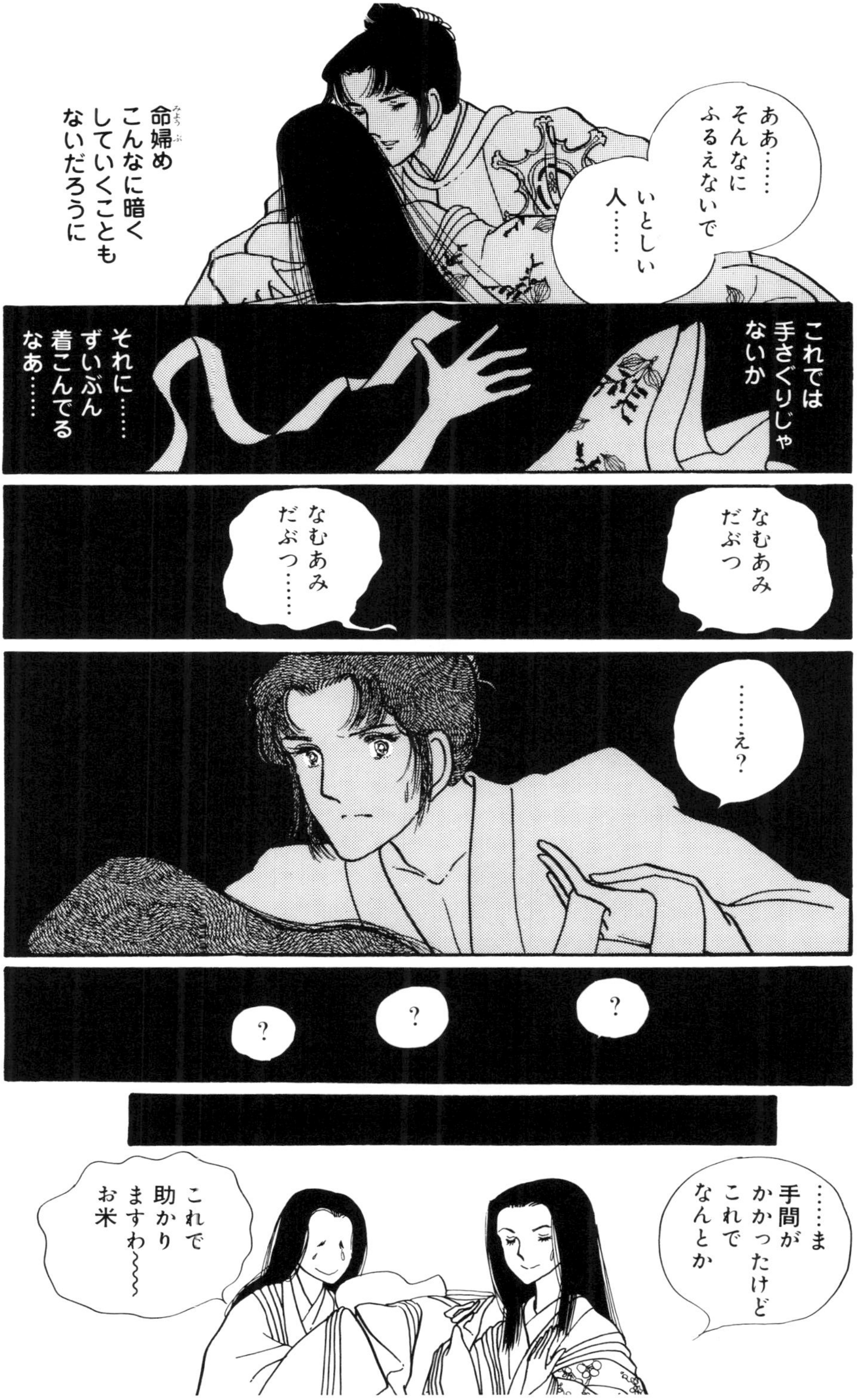
ああ…… そんなに ふるえないで
いとしい 人……
命婦《みょうぶ》め こんなに暗く していくことも ないだろうに
これでは 手さぐりじゃ ないか
それに…… ずいぶん 着こんでる なあ……
なむあみ だぶつ
なむあみ だぶつ……
……え？
？
？
？
……ま 手間が かかったけど これで なんとか
これで 助かり ますわ～～～ お米

源氏《げんじ》の君《きみ》
源氏の君
まだお休みですか? 源氏の君
……ああ……頭《とう》の中将《ちゅうじょう》
人が悪いな ずっとそこにいたのか
意味ありげな朝寝ですね?
ふうん……
きみは御所《ごしょ》の帰りなのか?
とんでもない
ひとり暮らしの気楽さでね つい寝過ごしただけだよ
あやしい……

ええ
帝《みかど》の朱雀院《すざくいん》への行幸《ぎょうこう》が決まったので
楽人《がくにん》や舞《ま》い人《びと》の人選がきょうだというので父に知らせようと一時退出しました
これからまた参内《さんだい》しますがごいっしょにいかがかと思いまして
ではいっしょにいこう
しかしどうもみょうだった昨夜の姫は
なんといったらいいのか
どうも女人《にょにん》と過ごした夜という感じじゃない……
女らしい情趣がないというかあの姫君……
まだお眠そうですね
ますますあやしいな
まさかあの姫をとうとう……？
白状なさい源氏の君

姫君からのお返しか……
よかった夕方遅くになって文《ふみ》をさしあげたのに気を悪くしてはいないらしい……
しかし……
ゴワゴワ
なんとも古びた紙だな……
……
……
……期待できない……
ああ見えても文字は美しいかもしれないな
源氏の君こんなところにお文《ふみ》をほうり出して
悪いですよせっかくの……
……お文……ですか?こりゃ
ずいぶんいかつい文体の恋文ですな
こんどばかりは源氏の君のかんも狂いがちですね
どうもそのようだ

おふたりで青海波《せいがいは》を舞われるんですって
まあ行幸《ぎょうこう》一の見物《みもの》ですわね
あのう源氏の君
常陸《ひたち》の宮《みや》の姫さま……あれからずっとおいでがないそうで……
……ああ……

それはまあ源氏の君のお相手としては姫君がもの足りないこととは思いますけど
あまりほうっておかれると評判を落としますわよ
忘れているわけではないのだよ
とにかく忙しくてね暇さえ見つけたらうかがうつもりだ
それにあの一夜のためにわたしは半年も待たされたんだよ
こんどはむこうにもわたしの気持ちをわかってほしいからね
しようのないわがまま貴公子だこと
人にうらまれてもしようのないお若さで
女人《にょにん》に対して薄情になってもしかたのない条件を備えていらっしゃるのだもの!

今宵《こよい》はどちらへ参りましょうか？
うん……
常陸《ひたち》の宮《みや》のお屋敷へ
え〜〜〜？あそこへいくんですか
気が進むわけじゃないが……
このままというわけにもゆくまい
源氏の君がおいでになりました！
姫さま！源氏の君が！
ああ……ゆうべ散らついていたと思ったらやっぱり積もっている
あなたもこちらへきて見てごらん
まるで別世界のようですよ

…………
いつまでも黙っておられるのは心にへだてがある証拠
さあ……こちらへきて……
いっしょに……雪を……
…ながめ
…………
すごい……!

どうして……
見てしまったんだろう……
見なければよかった……
そうだこれ以上見ないほうがいい……
……
……
だめだ！どうしても目が……
……なんてやせてるんだろう……
かわったものを着ている
それにああ……鼻……
黙っていてはいけないなにか……いわなければ……
なにか……
……
あ……
……だめだ驚きのあまり声も出てこない……
あ……朝日に氷が溶けているのにどうしてあなたはうちとけてくださらぬのか……
ではまたお会いする日を楽しみにしています

ねえ源氏《げんじ》の君《きみ》
惟光《これみつ》話しかけるな
え?
いま口をきくとなにを口走るかわからんぞ
……はあ?
……えらいことをしてしまった
えっ?
また源氏の君のお渡りがなくなったんですって?
まあ姫さま
源氏の君もなにかとお仕事がおいそがしくて

でも命婦《みょうぶ》……
……え……？
……わ……知らなかったわたしこの姫さままともに見たことなかったけど……
……
まずい……！これじゃ源氏の君が寄りつかないどころか……
紹介したわたしがうらまれてしまいそう
あ…あの……姫君……！
いままで黙っておりましたが
じつは源氏の君はたいへんな女ったらしでございまして
いままであちこちで泣かされた女人《にょにん》は数知れずでございます
まあ……そんなおかたとは……
ええ……！ですからとてものことまじめな姫さまのお相手にはふさわしくございません
このさいですから姫さまいっそのことこちらからみかぎって……

まあ……
命婦《みょうぶ》
そんな
おかたでも
縁あって
夫になった
おかた
悪口を
いうのは
やめて
ください
あかん～～
あの姫君の
話なら
聞かないぞ
頭が
痛くなる
はあ……
…でも
ございま
しょうが……
お文《ふみ》と
お正月用の
ご衣裳を
ことづかって
しまって……
衣裳って
わたしの
……？
お衣裳の
お世話は
ご正室《せいしつ》さまと
決まって
おりますのに
なにしろ
あのとおり
世間知らずな
おかたですので
……

まあ見せておくれ せっかく気を使ってくれたのだろうから……
……はあ でも
その お衣裳が……
……
……まっ赤……!
相変わらず ぎこちない 歌のよみぶりだ……
しかし これでも あの不器用な 姫君が
一晩じゅう 考えこんだ ものだろうな……
……まいったな
……なつかしき 色ともなしに なににこの
末摘花《すえつむはな》を 袖にふれけむ

……は？ なにかおっしゃいましたか？
いや…… 命婦《みょうぶ》
どうだろう 姫君になにかご衣裳をお送りしよう
とてもやせていて寒そうなご様子だったからね
とにかくあたたかくなるようなものを
それにお側《そば》の者《もの》や召し使いにも必要なものをいろいろと
源氏《げんじ》の君《きみ》……！
もしもこのまま捨ててしまっても
あの姫君のことだ とても ほかの男はしんぼうできまい
なまめいた仲でなく これからもできるだけのことはしてさしあげたいものだ
末摘花《すえつむはな》の姫君を……
まあ…… なんておやさしい源氏の君……
いや…… そういうわけじゃないんだ
姫君がそこそこの美人ならこうまでも思いもしまいがね
あれだけてっていされるとかえって忘れかねる
そういうもんでございますか

それにしても
末摘花《すえつむはな》とは
……？
はて……
末摘花《すえつむはな》っていえば
紅花《べにばな》のこと
じゃないの
紅花……
赤い花……
！
源氏の君
ったら……！
ククク
おにいさま……
その女のかた
どなた？
ん……
これはね
末摘花《すえつむはな》の
姫君と
いってね
お鼻が
赤いの？
そう……
こんな
ふうに……

わたしがこんなになってしまったらいやですか？
いやっ
ああ……！どうしようなれなくなってしまった
ギャー！
おにいさま！
どうしようどうしようつまらないいたずらをしたばっかりに
おにいさまおにいさま！
主上《おかみ》におしかりを受けてしまうどうしよう
紅の色もこんなに美しい色もあるものを……

《あさきゆめみし完全版①／完》

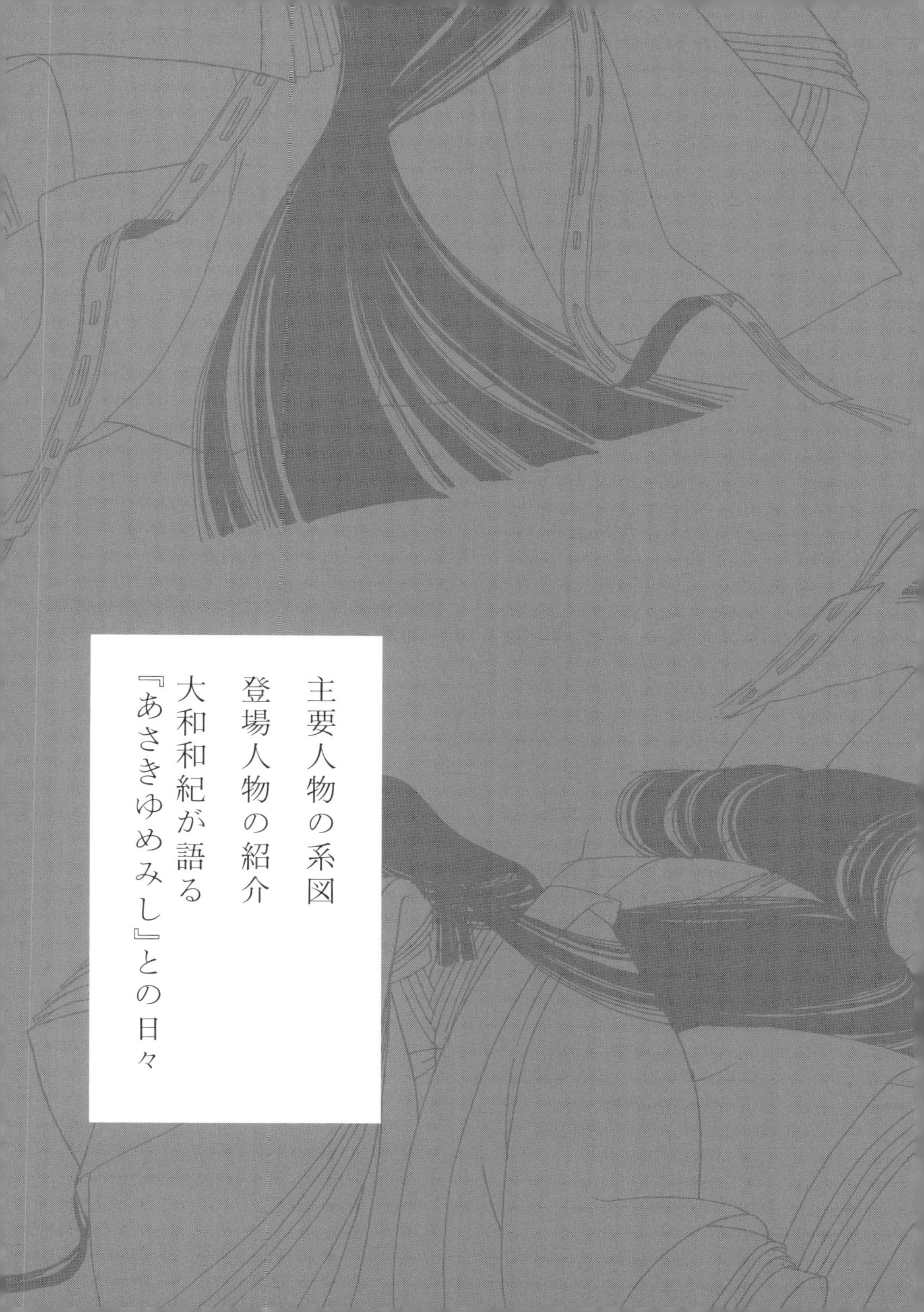

主要人物の系図

登場人物の紹介

大和和紀が語る『あさきゆめみし』との日々

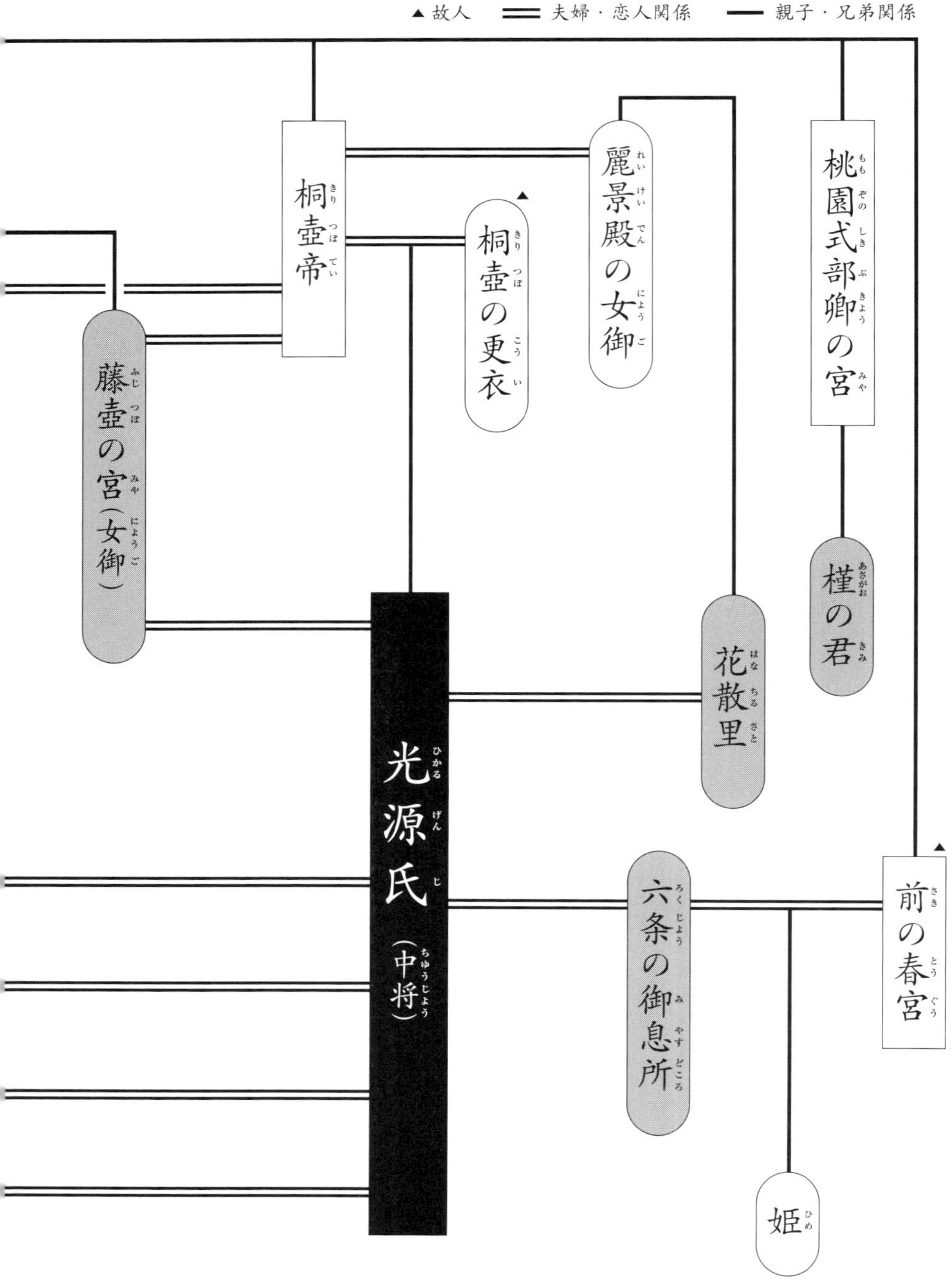

▲故人
夫婦・恋人関係
親子・兄弟関係
桐壺帝《きりつぼてい》
麗景殿《れいけいでん》の女御《にょうご》
桃園《ももぞの》式部卿《しきぶきょう》の宮《みや》
▲桐壺《きりつぼ》の更衣《こうい》
藤壺《ふじつぼ》の宮《みや》（女御《にょうご》）
槿《あさがお》の君《きみ》
花散里《はなちるさと》
光源氏《ひかるげんじ》（中将《ちゅうじょう》）
六条《ろくじょう》の御息所《みやすどころ》
▲前《さき》の春宮《とうぐう》
姫《ひめ》

主要人物の系図

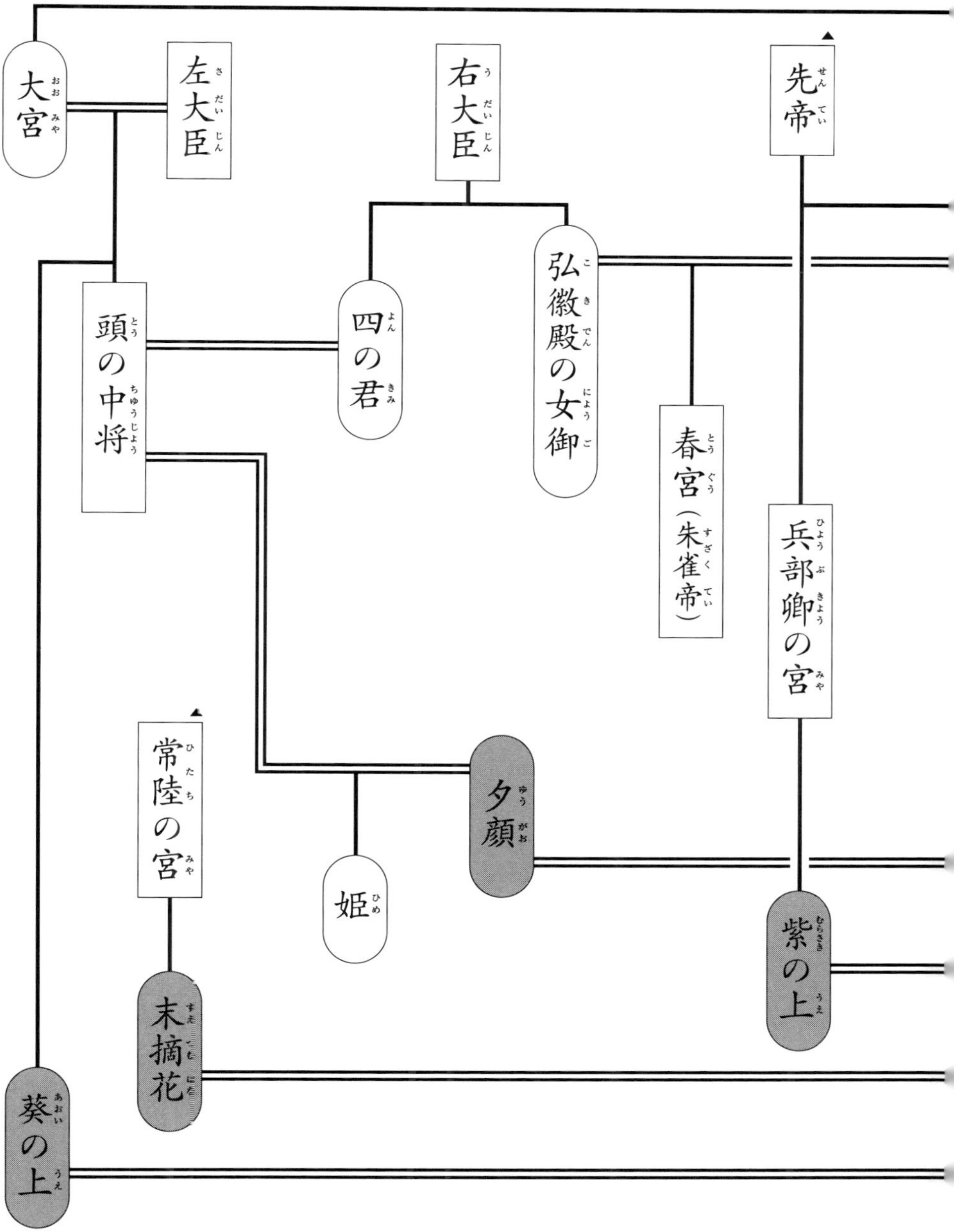

大宮《おおみや》
左大臣《さだいじん》
右大臣《うだいじん》
▲
先帝《せんてい》
頭《とう》の中将《ちゅうじょう》
四《よん》の君《きみ》
弘徽殿《こきでん》の女御《にょうご》
春宮《とうぐう》（朱雀帝《すざくてい》）
兵部卿《ひょうぶきょう》の宮《みや》
▲
常陸《ひたち》の宮《みや》
夕顔《ゆうがお》
姫《ひめ》
紫《むらさき》の上《うえ》
末摘花《すえつむはな》
葵《あおい》の上《うえ》

登場人物の紹介

葵の上　あおいのうえ

左大臣の娘。源氏が元服《げんぷく》したときからの正妻で4歳年上。春宮妃《とうぐうひ》になるべく育てられたので、気位が高い。

右大臣　うだいじん

弘徽殿の女御の父。源氏の後見人・左大臣の対抗勢力の筆頭。春宮（皇太子）の祖父として権力を握る。

桐壺帝　きりつぼてい

源氏の父。桐壺の更衣をこよなく愛し、その子どもである源氏に、第一皇子以上の愛情を注ぐ。

桐壺の更衣　きりつぼのこうい

源氏の母。低い身分で入内《じゅだい》するも、帝の寵《ちょう》を独占。そのため帝をとりまく女人に恨まれる。

弘徽殿の女御　こきでんのにょうご

桐壺帝の妃。右大臣家の出身で、春宮を産んだため、権力をふるう。

惟光　これみつ

源氏の乳母《めのと》の子。源氏の腹心の部下で、よき理解者。

左大臣　さだいじん

頭の中将と葵の上の父。桐壺帝の忠臣で、帝の命により元服後の源氏の後見人となる。

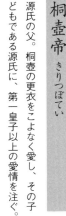

末摘花　すえつむはな

故常陸《ひたち》の宮《みや》の姫。貧しく暮らす没落貴族のため、世間常識に疎い。後ろ姿は美人。

頭の中将　とうのちゅうじょう

左大臣の長男で、葵の上の兄。源氏の親友にして、学問、政治、風流ごとのよきライバル。

光源氏　ひかるげんじ

桐壺帝の第二皇子として生まれたが、臣下にくだり源氏姓を名乗る。幼い頃に死に別れた母の面影を追い、父帝の妃・藤壺の宮に思慕してしまう。

兵部卿の宮　ひょうぶきょうのみや

紫の上の父で、藤壺の宮の兄。紫の上は本妻腹の姫ではないため、紫の上の祖母に預けている。

藤壺の宮　ふじつぼのみや

先帝の四の姫宮。桐壺の更衣に面差しが似ていることから、更衣亡き後、桐壺帝の妃となる。帝の寵愛を受けるが、源氏の愛を拒みきれない。

紫の上　むらさきのうえ

藤壺の宮の兄・兵部卿の宮の姫。祖母と暮らしていたが、10歳のとき北山で源氏と出会う。その後、源氏にひきとられ、理想の女性にと養育される。

夕顔　ゆうがお

町の夕顔の花咲く家に住む女性。源氏が16歳のときに出会い、短い逢瀬《おうせ》を重ねる。

六条の御息所　ろくじょうのみやすどころ

前《さき》の春宮《とうぐう》の未亡人。源氏より8歳年上の誇り高き貴婦人。源氏への愛が嫉妬《しっと》に変わり、生霊《いきりょう》を放つ。

The Tale of Genji

大和和紀が語る『あさきゆめみし』との日々

制作秘話――それは1979年に始まった

源氏物語との歩み

その出会いは、中学生のときだった！

日本を代表する古典文学である源氏物語。古典の授業にも出てくるし、一度はのぞいてみなくては……。そんな気持ちでダイジェスト版に挑んだのは、たしか中学生のころ。でもそのときは、主人公である光源氏より、藤壺や紫の上といった女性ばかりが印象に残って、なんだか思っていたのと違う話だなあ、男の人って、どうして浮気なんかするんだろう……というのが最大の感想でした。その後、大学時代に与謝野晶子先生の訳に触れ、社会人になってから円地文子先生の訳を、すごく興奮しながら読みました。そのころには、プレイボーイの光源氏も苦悩しているのがわかったし、マザコンなところも琴線に触れたし（笑）。それに、作中に出てくる華やかな衣装や伝統行事、宮廷で繰り広げられる恋愛模様、人間の悩みや苦しみ……そんな、女性を惹《ひ》きつけるすべての要素が備わっていて、かなり早い時期から、「これは少女漫画になる！」と思ってはいました。

源氏物語は、仏教的な解釈でも、フェミニズム的な視点でも読めるんです。どう読んでもかまわない。そこが素晴らしい。でも『更級日記』に、源氏物語を夢中になって読んだ、という記述があるように、宮仕えの女房や姫君たちが熱中した、当時の流行ロマンス小説として見てもいいと思ったんです。

そして、きっかけ

『あさきゆめみし』が生まれるまで

昭和50年代前半に、古代の女流歌人・額田王《ぬかたのおおきみ》を主人公にした『天の果て 地の限り』を連載していました。この作品が好評だったので、次も歴史ものを、という話になって。織田信長の正妻の濃姫や、妹のお市の方、細川ガラシャなどを考えてはみたものの、決め手がなかった。そんなとき、田辺聖子先生の『新源氏物語』が目にとまったんです。この作品は、原作の文章を全然使っていないのに、原作のイメージをとても上手に伝えてくださるもので、「そうか、こういうやり方なら漫画でも同じことができるはず。源氏物語、挑戦してみようか」と思ったんです。さらには、戦国時代の女性はおおかた、悲惨な最期を遂げていて、それを描くのがつらいな、という気持ちもあって。その点、戦国時代とちがって、平安時代にはあまり戦争もないから、いいなと(笑)。それと歴史ものがいいのは、何年経《た》っても古びないってこと。あまり現代の風俗を反映した話だと、後で「昔、こういうのあったよね」なんてことにもなるけれど、はじめから昔で、古いわけだから逆にいつも新しい(笑)。じつは当時、源氏物語は、誰もがタイトルは知っているのに、意外と読んでる人が少なかったこともあるし、なにしろみんなに知ってもらいたいと思ったし。しかも恋愛という少女読者に欠かせないモチーフもある。そんな気持ちも重なって、「源氏物語で行きましょう!」ということになったんですね。

「作画」という闘い　苦しんでつかんだ、華麗な絵の実現

いざ連載が始まってみると、とにかく苦労したのが絵のディテールでした。背景の建物や、室内、調度品など、現存するものがないので……。たとえば、十二単《じゅうにひとえ》の袖口がどの程度あいているのかなんて、考えもしないでしょう？　文章では几帳《きちょう》や御簾《みす》など言葉だけで書かれているものの形を調べるのが、いちばん大変。十二単は、とにかくさまざまなアングルから描かなくてはならないので、実際に着ました。ハクビ総合学院で着付けていただいて。髪の毛もつけて、顔は白塗り、眉《まゆ》は額に描く殿上眉《てんじょうまゆ》(笑)。その格好のまま、倒れたり仰向けになったりおじぎしたり……想定しうる限りのポーズをとって、資料にするために写真を撮りまくりました。

あとは、『有職故実図鑑』『日本建築史図集』など信頼できる資料を常備して、不明な点は研究者さんに尋ねたりしながら、少しずつ勉強していきました。同時に、京都に出かけての現地取材も十数回はしました。とことん調べることの楽しさもありました。京都御所をはじめ、下鴨神社や上賀茂神社、嵯峨野や宇治など、物語に登場する場所は、ほぼ訪れていると思います。でも、たとえば京都御所に行っても、当時とはもう違っています。そんななか、助かったのが平安博物館（現・京都文化博物館）の展示でした。当時、大きなホールに弘徽殿《こきでん》の上の御局《みつぼね》が一部再現されていたんです。几帳や御簾などの調度、笛を吹く男性に琴を奏でる女性、いずれも平安装束をまとった等身大の人形も展示されていて。人物がいるから、それに比しての屋根や庇《ひさし》の高さ、格子戸の大きさがリアルにわかって、「ああ、こういった空間や距離感で生活していたんだな」ということが実感できました。この感覚がつかめるかどうかは、作画していくうえで、ものすごく大きいことなんです。

登場人物たち

多くの登場人物に悩まされ、時に楽しみ

主人公に対してこういうのもなんですが、光源氏は本当に困った人ですよ(笑)。友だちなら面白いかもしれないけれど、恋人や夫だったら大変でしょうがない。でも、主人公が嫌いではいい作品は描けません。だから、好きになろう、なろうと努力していました。また、源氏の子ども時代を可哀相《かわいそう》に描いておかないと、誰も同情してくれないという計算もしました。どうせ、ひどい男になっていくんですから(笑)。光源氏は女性に母を探し求めるけれど、そのマザコンぶりを自覚していないのが救いがたいところなんです。その罪が、周囲の女性をどんどん不幸にしていく。本人が自分のコンプレックスを理解しすぎていたら物語にはならないので、その救いがたさもまた、テーマなのでしょう。でも源氏には美点もたくさんありますよね。私がいちばん気に入っているのは彼の愛嬌《あいきょう》の良さなんです。それは、彼が寂しがりやで人好きなところからきているのでしょうね。

たくさんの女性たちを絵柄にする際も、ずいぶん考えました。花こそもっとも有効なイメージ表現だと思っているので、それぞれにイメージとなる花を想定したり。紫の上には桜や一重の薔薇《ばら》などピンク系の花を散らせ、ライバルの明石の上には、知的で静的なあやめや白百合など、花丈の高いすっきりした花を合わせる。藤壺の宮はやはり、咲き乱れる藤の花の薄紫。六条の御息所は萱草《かんぞう》などの、大輪ですこしおどろおどろしい形の花。末摘花は、ジョークで大輪の薔薇に……などなど。また、なかば遊びですが、キャラクターを深めるために好きな食べ物を想像したりもしましたね。雲居《くもい》の雁《かり》はいちごショート、花散里《はなちるさと》は大福、明石の上はおかき、六条の御息所はお菓子が嫌いで白ワインが好き、朧月夜《おぼろづきよ》はそのとき流行《はや》っているお菓子、といった感じで。

どの登場人物であれ、その人の気持ちになって描くのでみんないいところがあると思ってます。でも、あえて「好きなキャラクター」を選ぶなら、笑いを提供してくれる近江の君かな。主要キャラではないんですが(笑)。

ゆめみし、その先へ

あなただけの源氏物語を手に入れるために

源氏物語には種々の現代語訳がありますが、訳者によって微妙に違う源氏物語になっているのも面白いんです。『あさきゆめみし』では、意識して変えた部分もあります。たとえば難しいと思わず読んでもらうために、冒頭は原作の設定を生かしつつ、オリジナルな話をつくりました。全体的に、セリフに手を加えてますし。恋人たちの会話や光源氏の口説き文句も考えました。原作では、そこまで書いてないので。つまり少女漫画というフィルターに源氏物語をかけたのが『あさきゆめみし』なんですね。でもじつは、原作を読んで抱いていたイメージと、漫画として描いたものがかなり違っていて、自分でも意外に感じることもありました。それはつまり、私はこういうふうに源氏物語を読んだ、あるいは読みたかったのだ、ということなのでしょう。漫画を読んでいただければ、あらすじは把握できると思うんです。そうしたら、原文とまではいかなくても、現代語訳を読み通してみてほしい。きっと、また違う源氏を発見なさるでしょう。それぞれの源氏がそれぞれの心に生きるとしたら、それはとてもとても素敵なことです。なにしろ、源氏物語は日本の宝なのですから。

この記事は、連載当時の大和和紀氏の原稿・インタビューを再構成したものです。

［初出］
1979年発行　mimi 12月号
1980年発行　mimi 2月号、4月号、5月号、10月号

The Tale of Genji

あさきゆめみし 完全版《かんぜんばん》 1

2017年2月22日　第1刷発行
2024年3月22日　第7刷発行

［著　者］大和和紀《やまとわき》

［発行者］森田浩章
［発行所］株式会社講談社
〒112-8001
東京都文京区音羽2-12-21
編集 03-5395-3535
販売 03-5395-3625
業務 03-5395-3615

［装　丁］田中久子（坂川事務所）
［印刷所］株式会社ＫＰＳプロダクツ
［製本所］株式会社若林製本工場

（定価は表紙に表示してあります）
N.D.C. 726　266p　21cm
ISBN978-4-06-220400-2

KODANSHA

大和和紀《やまとわき》のKCDX《ケーシーデラックス》

大和和紀《やまとわき》の講談社漫画文庫《こうだんしゃまんがぶんこ》

花《はな》の大江戸《おおえど》ファミリードラマ
御徒士《おかちざむらい》・半四郎《はんしろう》と若奥《わかおく》さま・ゆきえさんが
一粒種《ひとつぶだね》の太郎《たろう》と暮《く》らす大都会《だいとかい》・江戸《えど》。
いまも昔《むかし》も変《か》わらぬ悩《なや》みに抱腹絶倒《ほうふくぜっとう》!!
にしむく士《さむらい》
全《ぜん》3巻発売中《かんはつばいちゅう》
本格舞妓《ほんかくまいこ》ドラマ
紅《くれなひ》匂《にほ》ふ
大和和紀《やまとわき》
幼《おさな》いころ祇園《ぎおん》にやってきた咲也《さくや》は
持《も》ち前《まえ》の頑張《がんば》りと夢《ゆめ》を胸《むね》に
祇園《ぎおん》ナンバーワンを目指《めざ》す!!
芸《げい》と美《び》が眩《まぶ》しい女《おんな》の生《い》きる道《みち》!
原案《げんあん》/「芸妓峰子《げいこみねこ》の花《はな》いくさ」
岩崎峰子《いわさきみねこ》・講談社刊《こうだんしゃかん》より
全《ぜん》3巻発売中《かんはつばいちゅう》